公共政策背景下农业资本投入运行机制研究

曹跃群 著

中国社会科学出版社

图书在版编目（CIP）数据

公共政策背景下农业资本投入运行机制研究/曹跃群著.—北京：中国社会科学出版社，2014.1

ISBN 978-7-5161-3915-8

Ⅰ.①公… Ⅱ.①曹… Ⅲ.①农业—资本投入—研究—中国 Ⅳ.①F323

中国版本图书馆 CIP 数据核字（2014）第 021631 号

出 版 人	赵剑英	
选题策划	李庆红	
责任编辑	刘晓红	
责任校对	任　纳	
责任印制	王　超	
出　版	中国社会科学出版社	
社　址	北京鼓楼西大街甲 158 号（邮编 100720）	
网　址	http://www.csspw.cn	
	中文域名：中国社科网　　010-64070619	
发行部	010-84083635	
门市部	010-84029450	
经　销	新华书店及其他书店	
印　刷	北京君升印刷有限公司	
装　订	廊坊市广阳区广增装订厂	
版　次	2014 年 1 月第 1 版	
印　次	2014 年 1 月第 1 次印刷	
开　本	710×1000　1/16	
印　张	11.5	
插　页	2	
字　数	203 千字	
定　价	36.00 元	

凡购买中国社会科学出版社图书，如有质量问题请与本社发行部联系调换
电话：010-64009791
版权所有　侵权必究

序

  保持宏观国民经济又好又快的增长，客观上要求重视农村经济增长问题，把保持农业经济快速、持续、稳定发展放在国民经济的优先位置。按照主流经济学提供的农业经济增长分析框架，农业经济增长与资本、劳动力、技术等要素投入密切相关，其中发挥基础性作用的是资本要素投入。长期以来，由于基础统计资料的匮乏，人们对农业资本投入及其运行状况的研究不得不转而依靠估算方法，这在一定程度上限制了人们对农业资本投入及其效率的深入认识。《公共政策背景下农业资本投入运行机制研究》作为国家社科基金项目的重要的后续研究成果，较为系统地梳理了国内外关于农业资本投入理论与实践经验以及典型的估算方法与技术。在此基础上，运用统一口径的权威统计数据，对我国农业资本投入进行了全面谨慎而细致的估算工作。然后，运用估算数据，对我国与省际农业资本投入效率、区域差异及其成因、基于效率改善的农业资本投入机制与公共政策设计等进行了深入探索。这项成果的研究特色与发现体现在：

  1. 基于统一口径的估算结果更为准确合理。1990 年前，采用统一数据口径估算结果与已有文献最为相近。1990 年后，本书估算结果较其他估算结果稍微偏高，分析估算结果之间差异的主因在于缩减指数的确定。在确定资本品缩减指数过程中，由于近年来我国农业迅速发展，农产品价格不断攀升，使一般估算所采用的缩减指数相对较大。而本书认为资本品价格与产业 GDP 相比而言要有一个滞后期，缩减后的结果自然要小，因此本书估算结果要稍微偏高。需要指出的是，农业 GDP 价格指数与固定资本形成价格指数并不存在对应关系。

  2. 我国农业经济波动是农业资本投入、农业技术进步与农村金融发展综合作用的结果。其中，农业资本投入可以在较短时间内引起农业经济波动，且波幅较大，而技术冲击则从更长的时期内对农业经济波动产生影响。尽管农业技术进步、农业资本投入和农村金融发展波动都是农业经济增长波动的影响因素，但脉冲响应函数表明：资本投入波动是农业经济增长波动的主要影响因素，农村金融发展次之，而技术进步引致的经济波动则更为平缓和持久。此外，农业技术进步、农村金融发展与农业经济波动的单向 Granger 因果关系则表明：我国农业经济增长过程中不断推进技术进步与农村金融发展，而技术进步、农村金融发展却并不内生于农业经济增长。这一研究结论实际上暗含着需要加强国家宏观调控来促进技术进步与农村金融发展，并保持农业技术进步、农村金融发展与农业经济增长相协调的推论。基于省际农业资本投入的面板计量检验结果表明，省际农业资本投入与农业经济增长之间存在均衡稳定的长期关系。

3. 农业经济增长的源泉在于效率获益，而无效率或低效率存在的情况下，必将削弱农业经济整体增长的实效。农业资本投入效率的计量结果表明，1978—2006 年全国与省际农业资本投入效率均经历了显著提升过程，整体呈现东高西低的规律，并在 20 世纪 90 年代后期呈现缓慢下降现象。省际农业资本投入效率整体呈"U"形，表现为前期缩小，后期缓慢扩大的特征，且省际较三大经济区表现更为显著。

4. 农业资本投入效率的区域差异一方面与农业资本投入区域空间分布的非均衡性密切相关，另一方面与农业资本形成的来源密切相关，从农业资本投入角度看，省际农业资本投入存在明显的集聚效应（Clustering），且集聚过程中有轻微波动，省际农业资本投入分布呈现明显的"核心—外围"区域特征，即以东部沿海为核心，以广大的中西部地区为外围的发展格局。农业资本投入区域空间分布的内在机理强化了区域分布的不平衡机制。同时，农业资本投入影响因素也表现出空间依赖性，引入空间权重矩阵的计量结果表明，包括第一产业增加值（$AGDP$）、农业资本形成总额（AK）、农村人均纯收入（PIN）、农村金融发展水平（RFD）、乡镇企业数量（RQC）、地方财政收入水平（FIN）、农村受教育水平（UEL）、城镇化水平（UR）与省际农业资本投入水平之间均呈现显著的影响关系。从农业资本形成的来源角度看，地区农业财政投入与农户农业资金投入转化的农业资本性投入呈现出东高西低的区域差异特征。而农业资本投入的市场实现资金在市场机制作用下，自然就会形成农业资本投入在东部地区农村相对集中的经济现象，从而导致农业资本因集聚而产生的知识外溢效应，有助于提升东部农村经济系统的增长率，最终改善东部地区农村资本投入的产出效率。

5. 基于效率改进的农业资本投入运行机制构建与政策需要从政府农业财政资金投入、农业信贷资金投入以及农户自有资金投入三方面入手，从而构建起多元化的农业资金投入运行机制。从政府农业财政资金投入角度看，要明确各级事权划分与资金的使用范围，解决资金分块管理问题，使有限的资金形成整体合力。要健全农业财政投入的监督机制，通过加大审计力度和处罚成本、提高职业道德水平建设等改善农业财政资金投入规模与效率。从农业信贷资金投入角度看，建立客户经理投入机制、团队激励借贷机制以及农户担保机制均可以有助于提高农业信贷资金投入水平。当然，在改善农业投资收益的条件下引导农户自有资金投入到农业发展过程中也是一条必不可少的重要途径。

希望作者倍加努力，在此研究基础上百尺竿头更进一步。

西南大学张卫国教授
2013 年 5 月

目　　录

第一章　总论 …………………………………………………………… 1
　　第一节　研究问题的背景 ………………………………………… 1
　　第二节　研究路线及方法 ………………………………………… 2
　　第三节　研究内容及框架 ………………………………………… 3
　　第四节　研究特色及创新 ………………………………………… 6
第二章　国内外文献综述及理论、实践经验借鉴 …………………… 8
　　第一节　基本概念与内涵 ………………………………………… 8
　　　　一　古典经济学的解释 ……………………………………… 8
　　　　二　近代西方经济学理论的解释 …………………………… 8
　　　　三　马克思的资本理论 ……………………………………… 9
　　　　四　现代人力资本理论 ……………………………………… 9
　　　　五　资本理论的再拓展：社会资本、精神资本 ………… 10
　　第二节　国内外文献综述 ……………………………………… 12
　　　　一　资本投入度量 ………………………………………… 12
　　　　二　资本投入效率与区域差异 …………………………… 14
　　　　三　农村金融发展与农业经济增长 ……………………… 16
　　　　四　资本投入运行机制 …………………………………… 19
　　第三节　典型理论借鉴 ………………………………………… 24
　　　　一　农村金融深化与抑制理论 …………………………… 24
　　　　二　农业资本效率理论 …………………………………… 26
　　　　三　机制设计理论 ………………………………………… 27
　　第四节　实践经验借鉴 ………………………………………… 29
　　　　一　美洲国家农业资金投入典型经验借鉴 ……………… 29

  二 欧洲国家农业资金投入典型经验借鉴 …………………… 33
  三 亚洲国家农业资金投入典型经验借鉴 …………………… 35
 第五节 本章小结 ………………………………………………… 37

第三章 农业资本投入：原理、方法与估算结果 ……………… 39
 第一节 引言 ……………………………………………………… 39
 第二节 资本投入估算的基本原理与方法 ……………………… 40
  一 资本投入估算方法：初期阶段 …………………………… 40
  二 戈德史密斯的资本投入估算：方法 ……………………… 41
  三 乔根森的资本投入度量：拓展的 PIA 方法 …………… 44
  四 资本投入估算：一些新的进展 …………………………… 45
 第三节 典型农业资本投入估算结果评价 ……………………… 46
 第四节 全国农业资本投入估算过程与结果 …………………… 48
  一 数据来源的简要说明 ……………………………………… 48
  二 基年农业资本投入量的确定 ……………………………… 48
  三 投资序列的确定 …………………………………………… 50
  四 投资缩减指数的构造 ……………………………………… 51
  五 固定资产折旧 ……………………………………………… 52
  六 估算结果 …………………………………………………… 54
 第五节 省际农业资本投入估算过程与结果 …………………… 55
  一 数据来源及估算方法 ……………………………………… 55
  二 省际基年资本投入 ………………………………………… 56
  三 省际农业固定资本形成总额 ……………………………… 57
  四 省际农业资本投入的投资缩减指数 ……………………… 58
  五 省际农业资本投入固定资产折旧 ………………………… 59
  六 省际农业资本投入量 ……………………………………… 60
 第六节 本章小结 ………………………………………………… 62

第四章 农业资本投入的实证研究 …………………………………… 63
 第一节 引言 ……………………………………………………… 63
 第二节 模型推导、研究方法与数据采集 ……………………… 65
  一 模型推导 …………………………………………………… 65

二　研究方法 …………………………………………………… 67
　　三　数据采集 …………………………………………………… 68
　第三节　实证检验结果与分析 …………………………………… 71
　　一　Var模型分析 ……………………………………………… 71
　　二　脉冲响应函数分析 ………………………………………… 75
　　三　格兰杰因果关系检验 ……………………………………… 77
　第四节　基于省际的农业资本投入的实证 ……………………… 78
　　一　计量方法 …………………………………………………… 78
　　二　数据说明 …………………………………………………… 82
　　三　检验结果 …………………………………………………… 82
　第五节　本章小结 ………………………………………………… 85

第五章　农业资本投入效率及其区域差异 ……………………… 87

　第一节　问题的提出与背景 ……………………………………… 87
　第二节　农业资本投入效率的测算原理 ………………………… 89
　第三节　农业资本投入效率的实证 ……………………………… 92
　　一　数据来源及说明 …………………………………………… 92
　　二　实证检验与结果 …………………………………………… 92
　第四节　农业资本投入效率的区域差异 ………………………… 96
　　一　区域差异测算理论基础 …………………………………… 96
　　二　区域差异测算结果分析 …………………………………… 97
　第五节　本章小结 ………………………………………………… 101

第六章　农业资本投入效率区域差异的成因 …………………… 103

　第一节　引言与背景 ……………………………………………… 103
　第二节　农业资本投入效率的区域差异：基于农业资本
　　　　　投入视角 ………………………………………………… 104
　　一　农业资本投入的全域空间自相关分析 …………………… 104
　　二　农业资本投入影响因素的空间依赖 ……………………… 107
　　三　农业资本投入空间差异成因的实证检验 ………………… 109
　第三节　农业资本投入效率的区域差异：基于农业资金
　　　　　来源视角 ………………………………………………… 113

一　政府财政资金投入……………………………………… 114
　　二　市场实现资金投入……………………………………… 115
　　三　农户农业资金投入……………………………………… 120
　第四节　农业资本投入效率的区域差异：基于投入过程的
　　　　　视角………………………………………………………… 121
　第五节　本章小结……………………………………………………… 122

第七章　基于效率改进的农业资本投入机制构建………………… 124
　第一节　引　言………………………………………………………… 124
　第二节　农业财政资金投入运行机制构建………………………… 125
　　一　问题的提出……………………………………………… 125
　　二　农业财政资金投入决策机制…………………………… 128
　　三　农业财政资金投入监督机制…………………………… 131
　第三节　农业信贷资金投入运行机制构建………………………… 136
　　一　基于客户经理的农业信贷资金投入机制……………… 137
　　二　基于团队激励的农业信贷资金投入机制……………… 142
　　三　基于担保治理的农业信贷资金投入机制……………… 147
　第四节　农户农业资金投入运行机制构建………………………… 149
　第五节　本章小结……………………………………………………… 151

第八章　研究结论、政策建议与研究展望………………………… 153
　第一节　研究结论……………………………………………………… 153
　第二节　政策建议……………………………………………………… 156
　第三节　研究展望……………………………………………………… 160

参考文献……………………………………………………………………… 162

后记…………………………………………………………………………… 172

第一章 总 论

第一节 研究问题的背景

中国是一个农业大国,农村经济发展落后,农业发展水平较低,农村人口众多是我国农业的基本特征,缓解农业、农村和农民的"三农"问题对宏观国民经济协调均衡发展的制约,必然要求从战略高度深刻认识"三农"问题,把保持农业经济快速稳定增长作为社会的基本优先目标。由于农业资本投入问题对于政策主导的长期经济发展战略和短期经济稳定措施是否有效,以及总量间关系的研究具有重要意义。近年来,国内外越来越重视为农业资本投入对农业经济增长与农业改革的影响提供证据(Tang, 1981; Mamkiw, Chow & Romer, 1992; Chow, 1993a; 吴方卫, 1999; OECD, 2001a、2001b; Chow & Li, 2002; Chow, 2002; Kui - Wai Li, 2003; 张军等, 2003a、2004b; Chow, 2006b; Carsten A. Holz, 2006; 徐现祥、舒元, 2007 等)。新农村建设和城乡统筹背景下,加大农业资本投入、发展农村经济、增加农民收入、协调城乡发展问题已经引起越来越广泛的注意。然而,农业资本投入不足问题一直没有得到很好的解决,并始终制约着中国农业发展和农民收入增长(罗剑朝, 1996; 林毅夫, 2000、2003; 陈锡文, 2001、2002、2005; 谢平, 2006; 冉光和, 2004、2006; 万广华, 2006; 国务院发展研究中心课题组, 2006; 何广文, 1999、2000、2006、2007; 世界农业银行, 2005; 联合国粮农组织罗马会议, 2004、2005、2007 等)。依据国家统计局提供的数据资料显示:首先,政府投入资本少,每年农业资本短缺量都在100亿元以上。1978年投入比重最大,为13.4%。从20世纪90年代开始,政府农业资本投入逐年在波动中下降,1991—2001年由10.3%下降到7.7%,2006年以来一直在7%左右徘徊。其次，农户投入资本不足。农户投资一般只包括基本的农业生产资料，如种子、化肥、农药、农机具等，数量少、期限短，范围窄。1995—2006年，农民人均纯收入由1577.7元增长到2475.6元，增长率为56.91%，但同期农民的农业生产费用现金支出由472.97元增到616.48元，仅增长30.28%。最后，银行信贷资金投入受限，一方面国有商业金融机构大面积撤出，农村信用社一股独大；另一方面，贷款难、贷款质量不高问题突出（国务院发展研究中心，2007）。目前，在农业固定资产的投入结构中，农业基本建设投资占5%左右，农业固定资产投资占4%—6%，财政农业投资约占7%，农村集体固定资产投资约占10%，农户固定资产投资比例更低。综合以上分析，从实践背景上看：在农业资本投入不足的前提下，关注农业资本投入的规模与效率问题，构建基于效率改善的资本投入机制就具有非常重要的现实意义。

从理论背景上看，农业经济增长的研究越来越受到农业资本投入估算难的制约，转而用投资等变量替代经济增长模型中资本投入的做法已经越来越饱受批评和质疑。任若恩等（2002）认为，"任何试图应用增长核算框架分析中国经济增长问题的研究者都必然面临资本投入数据问题，但在当前国内外许多研究中，在资本投入的测定方面似乎并不能令人满意，分行业的资本投入问题更是突出"。"虽然少数研究考虑或讨论了土地和人力资本，如Chow（1993）、Pakins（1998）、张军和章元（2003）、Wang和Yao（2001）。但是大部分研究在估计资本投入量时，仅指严格意义上的物质资本。"（张军，2004）同时，众多的估算主要集中在全国资本投入总量上，鲜有分产业的资本投入估算，且已有产业估算主要集中在工业资本投入量的估算上。对全国农业资本投入进行全面而细致的估算，进而构建基于效率改进的农业资本投入机制，显得具有非常重要的理论意义。

第二节 研究路线及方法

本书的依据根据技术路线展开：围绕农业资本投入效率及农业资本投入机制问题，广泛挖掘和科学吸收、利用已有理论资源，在充分认识我国农业资本投入效率及投入机制现状的基础上，将我国农业资本投入问题置于构建统筹城乡发展的宏观经济背景之中，联系客观现实深入剖析基本概念，探索我国农业资本投入效率及投入机制的现状，揭示其内在机理和内在要求，构建本书的理论框架。在此基础上，运用空间计量经济学、空间统计学、数据包罗分析、HP滤波分析以及博弈论与数理经济学等多种研究方法，揭示我国农业资本投入以及省际农业资本效率的典型特征，并分析其成因及影响。最后，依据农业资本投入的基本原理和国际经验，构建适合于我国农业发展的农业资本投入的机制，并提出针对性政策建议。本书的基本思路遵循了从理论→实证→对策的一般过程。本书的技术路线可以概括为图1－1。

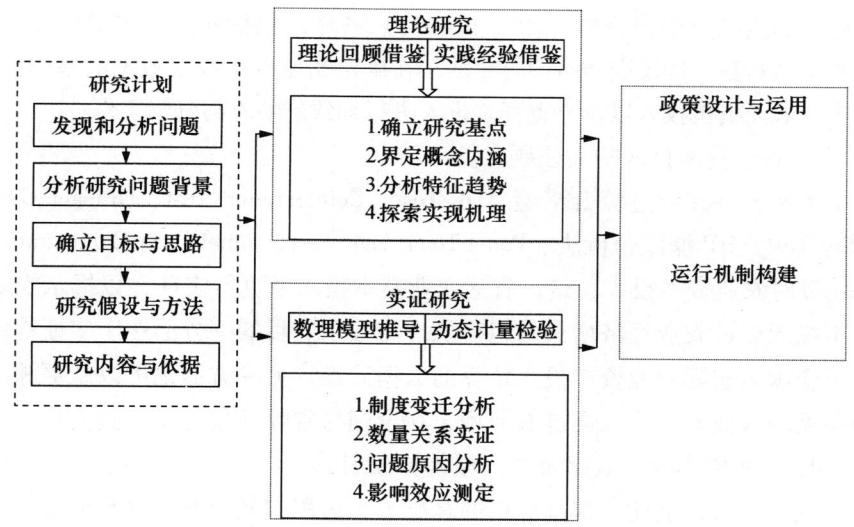

图1－1　农业资本投入及运行机制研究的技术路线图

第三节　研究内容及框架

本书除总论，研究结论、政策建议及展望外，包括理论研究、实证研究及运行机制设计5大部分，其中，资本投入估算、实证研究及运行机制设计部分是本书的重点。具体内容安排如下：

1. 国内外文献综述及理论、实践经验借鉴。

本部分的重点将放在文献综述与理论实践经验借鉴方面，其中，国内外文献综述从农村金融发展与农业经济增长、资本投入度量方法、资本投入效率与区域差异、农业资本投入机制等视角展开。理论借鉴主要集中在农村金融深化与抑制理论、农业资本投入效率理论以及机制设计理论。最后，选取了美洲国家、欧洲国家以及亚洲国家农业资本投入典型经验作为本书的实践经验借鉴。

2. 农业资本投入：原理、方法与估算结果。

该部分将研究的重心放在对全国以及省际农业资本投入估算上。通过采用权威统一口径的统计数据，《中国国内生产总值核算历史资料（1952—1995）》、《中国国内生产总值核算历史资料（1996—2002）》以及《中国国内生产总值核算历史资料（1952—2004）》各年，包括固定资本形成总额、投资缩减指数、固定资产折旧等数据，在确定初始资本投入数据的基础上，对全国农业资本投入以及分省资本投入进行细致的估算与分解工作。

3. 农业资本投入的实证研究。

本部分将在通过综合借鉴 ADF Test、Cointegration Test、Granger Causality Test、HP 滤波分析法、Panel Data ADF Test、Panel Data Cointegration Test 等对农业资本投入总量、省际农业资本投入量进行实证，以揭示农业资本投入促进农业经济增长的运行机理与效果。目的一方面在于实证检验关于全国与省际农业资本投入估算的数据质量，另一方面也可以从更深入的角度为农业资本投入促进农业增长在全国与省际视角提供经验支持。

4. 农业资本投入效率及其区域差异成因。

本部分将在上述各部分分析的基础上，运用空间经济学（Spatial Economics）、空间计量经济学（Spatial Econometrics）进一步深入探索农业资本投入效率的区域差异，并从农业资本投入的视角探索效率区域差异的成因。其中，运用 Spatial Economics 拓展的"FC 模型"揭示农业资本投入效率区域差异的运行机理，运用 Spatial Econometrics 的方法旨在揭示农业资本投入影响因素的空间依赖特征以及空间影响因素。

5. 基于效率改进的农业资本投入机制构建。

本部分在进行运行机制构造时，选择农业资本投入主体的独特视角，从农业财政资金投入、农业信贷资金投入以及农户农业资金投入机制构造入手，构建出政府、信贷机构与农户协调互促的农业资金投入机制，不断扩大农业资本投入规模的同时，改善和提高农业资金投入效率。图 1 - 2 展示了本书的基本思路。

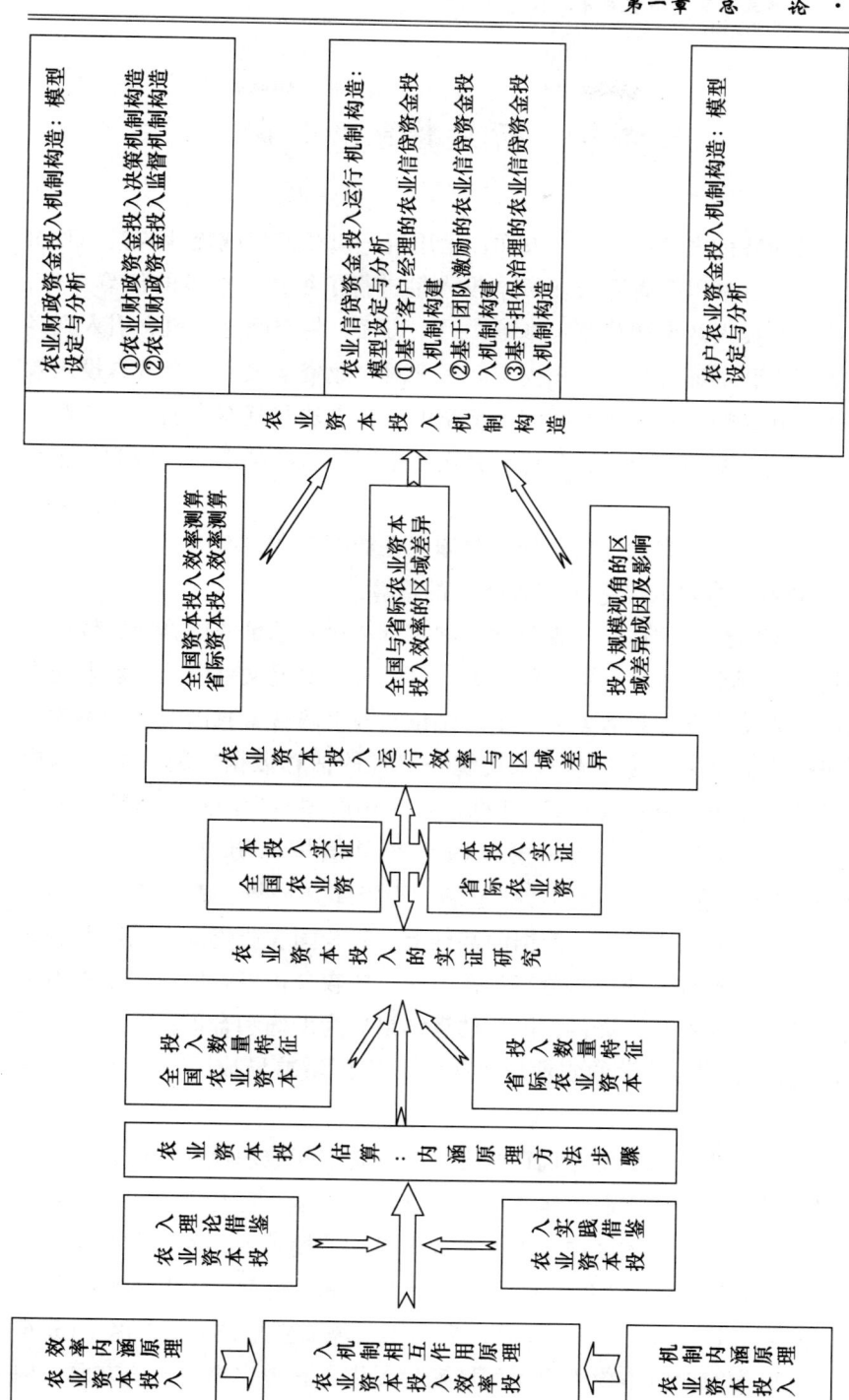

图1-2 农业资本投入效率及运行机制研究的基本思路

第四节 研究特色及创新

本书的特色之处在于：一方面，运用统一口径的权威统计数据，对农业资本投入总量以及省际农业资本投入量进行了细致、审慎的估算工作，为农业资本投入效率测算奠定基础；另一方面，将空间这一概念引入到经济学的理论和实证分析中，重视空间因素对农业资本投入以及资本投入效率的作用和影响，通过借鉴空间经济学的分析方法和基本模型，对农业资本投入及其效率的差异进行解释，并运用空间计量经济学的方法对其进行实证。

具体而言，本书的创新之处主要体现在如下三个方面：

1. 农业资本投入（总量与省际）的估算。

农业资本投入的估算一直隐含在国家资本投入总量的估算中，较少有专门对农业资本投入进行估算的文献，且已有的研究文献中关于农业资本投入的估算结果存在显著差异。上述结论实际上暗含着我国农业资本投入需要进一步估算的推论。本书采用统一口径的估算数据资料《中国国内生产总值核算历史资料（1952—1995）》、《中国国内生产总值核算历史资料（1996—2002）》以及《中国国内生产总值核算历史资料（1952—2004）》各年，包括固定资本形成总额、投资缩减指数、固定资产折旧等数据，在确定初始资本投入数据的基础上，对全国农业资本投入以及分省资本投入进行细致的估算与分解工作。通过比较分析可以发现，本书由于采用了统一口径的统计资料，因此估算结果更为准确和合理。

2. 基于空间经济学的农业资本投入效率区域差异成因及其影响因素的实证。

空间因素的引入主要体现在两方面，一是空间数理模型原理，二是空间计量实证方法。一方面，运用空间经济学的基本原理与方法，将空间因素引入到农业资本投入区域效率差异成因机理的揭示上，通过利用空间经济学 D–S 分析框架、改进"FC 模型"（自由资本模型）的基本假设并引入新的要素（FC：2×2×2 模型），揭示了区域农业资本投入的空间分布机理，从而为农业资本投入效率区域差异提供了有力支撑。另一方面，构造通过构造空间计量经济模型（SLM & SEM），将空间权重矩阵引入到农业资本投入区域差异及其影响因素的实证分析中，从而为农业资本投入空间分布的非均衡性引致农业资本投入效率区域差异的运行机理提供了经验支持。

3. 基于效率改进的农业资本投入机制构建。

改善和提高农业资本投入促进农业经济增长的实际效果，缩小区域差异，客观上要求将扩大农业资金投入规模放在优先位置，兼顾投入结构的优化与区域均衡协调机制，最终达到改善区域农业资本投入效率、缩小区域差异的战略目标。本书仅仅围绕农业资本投入这一核心，选择从农业资本投入主体的独特视角入手，包括政府、信贷机构与农户，系统构建基于效率改进的农业资本投入机制。从农业财政资金投入角度看，构造农业财政资金投入的决策机制、农业财政资金投入的监督机制。从农业信贷资金投入角度看，重点探索了农业信贷资金投入的客户经理制、农业信贷资金投入的团队激励制以及农业信贷资金投入的担保治理制。最后是农户农业资金投入机制构造。

第二章 国内外文献综述及理论、实践经验借鉴

农业资本投入问题因其对统筹城乡发展以及宏观经济发展具有重要的理论意义和实践意义，因此使得与之相关的研究广泛而深刻。自从古典农业经济学关于农业经济增长理论中农业资本投入问题提升到重要位置以来，农业资本投入促进农业经济增长问题一直备受关注。本章将研究重点放在对农业资本投入的国内外文献综述以及理论、实践经验借鉴方面，以期为后文提供依据与研究基础。

第一节 基本概念与内涵

一 古典经济学的解释

资本（Capital）一词大约出现在 12—13 世纪最早由意大利人开始使用，如"资金"、"存货"、"款项"、"生息资本"等。重农学派的 Francois Quesnay 认为，货币本身不能用以满足人们的生活需要，也不能用于生产，因而不是真正的财富。资本特别是生产资本只是用于农业生产的物质资料，货币不过是获取这些物质资料的工具或手段。资本的本质是用于农业生产的物质资料，由预付到土地上的物质资料的多少决定的。Dudley North（1976）第一次明确提出了经济学意义上的资本，他首次区分了资本与货币，认为资本是 Stock，具有储蓄、储备的含义，而货币 Money 则是通货的意思。亚当·斯密（Adam Smith）的资本理论是建立在重农学派的基础上并进行了扩张，他认为只要能产生利润，不管资本投入哪些行业，都是生产资本，同时强调了资本要素和土地要素一样都是影响经济增长的重要生产要素。

二 近代西方经济学理论的解释

近代西方经济学的资本理论十分庞杂。萨伊（Jean Baptiste Say）、马

尔萨斯（Thomas Robert Malthus）、瓦尔拉斯（Leon Waras）、克拉克（John Bates Clark）、庞巴维克（E. V. Bohm Bawerk）、维克塞尔（Knut Wicksell）、马歇尔（Alfred Marshall）、费雪（Irving Fisher）、凯恩斯（Keynes John Maynard）、希克斯（Hicks John Richard）、萨谬尔森（Samuelson Paul）等都对资本进行了诠释。代表性地有萨伊的资本理论、庞巴维克的资本理论、马歇尔的资本理论、希克斯的资本理论和萨谬尔森的资本理论，资本的内涵界定由于不同学者的研究视角不同而存在差异。

三 马克思的资本理论

与古典和新古典经济学家不同，马克思虽然也以产业资本为研究对象，研究物质资本的内涵及物资资本的运行，例如把资本分成固定资本和流动资本，分析它们在资本主义生产过程中的作用，但是马克思更强调资本的特定历史现象并定义其为历史范畴。"有了商品流通和货币流通决不是具备了资本存在的历史条件，只有当生产资料和生活资料的所有者在市场找到出卖劳动力的自由工人的时候，资本才产生……因此，资本一旦出现，就标志着社会生产进入了一个新时代。"马克思依据资本主义的生产过程中价值增值作用不同，把资本分成以实物形态存在的不变资本（物质资本）和购买劳动力的可变资本。马克思认为，可变资本即劳动力的价值也是由生产、再生产这种特殊物品所需的劳动时间决定的。（《资本论》，第193页）马克思在其理论研究中，并没有关于资本对于经济增长作用的专门论述，但是在资本积累和扩大再生产的思想中，实际隐含了经济增长的基本思想，即资本再生产的典型特点就是扩大再生产，由追逐利润的内在动力和自由竞争的外部压力形成了一种机制，促进资本积累不断进行。当资本积累到一定量时，积累资本的使用效率同样是影响经济增长的重要力量，经济增长的规模和速度取决于资本积累的数量和积累效益两大因素。

四 现代人力资本理论

20世纪中叶以来，随着世界各国的经济增长，出现了不能用物质资本和财务资本的投入量来解释的经济增长的"索罗剩余"不断扩大的现象。以舒尔茨（Theodore Schultz）、加里·贝克尔（Gray Becker）、罗默（Romer）、卢卡斯（Lucas）、丹尼森（E. F. Dension）等为代表的经济学家用现代人力资本理论开辟了人的生产能力分析的新思路。资本的概念由物质资本拓展到人力资本。人力资本与物质资本都一样，其目的和结果都是要减少现期消费,增加未来的生产能力,以期取得更多的经济收益。舒尔茨(1981)认为,广义的资本应该包括人和物两个方面,即人力资本和物力资本,所谓人力资本就是凝结在劳动者身上的知识、技能及其所表现出来的能力,对生产产生促进作用,是生产增长的主因。很多被我们称之为消费的东西,事实上直接构成了人力资本投资(Schultz,1982)。加里·贝克尔强调了正规学校教育、医疗保健等人力资本投资因素对人力资本的影响,并重点分析了人力资本投资的微观基础,弥补了舒尔茨的不足。丹尼森(1987)修正了舒尔茨关于教育对美国经济增长的贡献率,他将人力资本的经济增长效应分解为规模经济效用、资本配置和组织管理改善、知识运用的延时效应等以及资本和劳动力质量的提高等。雅各布·明塞尔(Jacob Mincer)首次将人力资本和收入分配联系起来,并给出了完整的人力资本收益模型,从而开辟了人力资本书的一个崭新分支。此后,关于人力资本的观点被许多后继者所接受并迅速推广。

五 资本理论的再拓展:社会资本、精神资本

20世纪80年代以来,一些社会学家和经济学家提出了社会资本的概念。Geln Loury(1977)较早运用社会资本概念来说明城市中心区处于不利地位的黑人孩子与其他孩子在社会资源上的差别,并将社会资本定义为促进或帮助获得市场中有价值的技能或特点的人之间自然产生的社会关系。此概念得到了布迪厄(P. Bourdier,1985)、科尔曼(Coleman,1988)、希契弗(M. Schiff,1992)、玻特(Burt,1992)、普特南(R. Putnam,1993)等人的认同,并得以逐步推广。

综上所述,资本理论的发展,伴随着资本内涵的发展变化而不断拓展。古典经济学理解的资本属于物的性质,是指生产资料形态的资本(物质资本),或物质的象征物——货币资本。直至人力资本理论的提出,大大丰富了资本的内涵,但社会资本、精神资本等概念的提出,则使资本内涵有进一步泛化的倾向。正如肖红叶(2006)指出,把握资本的内涵,需要重点把握以下4个特点:第一,资本属于经济学的范畴;第二,资本是经济资源投入的形成物;第三,资本具有增值和收益的双重属性;第四,形成资本的经济资源投入量、资本的增值和收益量都可以用不变货币价值来计量。显然,资本本身是一个非常宽泛的概念。黄勇锋、任若恩(2002)认为,既可以包括物质资本(含土地),也可以包括人力资本。一般而言,资本投入是用来表示一定时点下安装在生产单位中资本资产的数量。张帆认为，资本（包括物质资本和人力资源）、劳动、自然资源和技术进步是一国生产的基本要素投入，而物质资本指厂房和及其设备。关于农业资本投入，世界粮农组织（Food and Agriculture Organization of United Nations, 2004）认为，在农业生产过程中能重复使用的生产或购置的有形固定资产（例如机械、建筑、家畜、土地改良）在年终的货币置换值。国内一些学者则如吴方卫（2000）认为，农业资本投入就是指在农业生产活动中在一定时点上所积累的实物资本，它反映了人们在一定时点上所掌握的农业物质生产手段的数量。由于农业资本投入是一个总量概念，其估算与固定资产密切相关。依据联合国国民收入核算体系的定义，固定资产中所包含的耐用品应该是耐用的、有形的、固定的，以及可再生的。而固定资产的诸多特性又给投入估算造成了很大困难：一方面，农业资本品的役龄（Vintage），即正在使用的资本品已经使用的年限时间构成各不相同，且新投入设备和老设备在稳定性、生产水平有较大差别；另一方面，随着固定资产役龄的延长，设备老化所造成的折旧将持续增加，产出的质量、效率会不断下降。此外，肖红叶等（2005）认为，新资本品中所包含的技术进步又会缩短旧资本品的使用寿命，并不断提高因其投入而带来的运行效率。因此，从该意义上看，农业资本投入又是这些投入农业生产活动过程中不同役龄资本品运用相对生产效率作权数的加权和。

按照该思路，要估算农业资本投入量，关键在于对不同役龄资本品的数量及其相对生产率进行估算。如此，农业资本按照其经济属性可分为两个层次：第一，农业公共资本。主要表现为农业的公共基础设施，包括水利工程、交通运输、通信、市场服务、基础教育设施以及农业推广体系等。鉴于农业产业的基础地位以及其巨大的社会效益，国家和集体有责任增加农业投资，加快农业公共资本形成。第二，农户农业资本。在市场经济体制下，农户成为自主决策、独立经营的生产主体，也就自然而然地成为农业生产的投资主体。农户的农业资本分一部分是固定资本，包括农户所购买的农业生产机械、劳动工具以及购置其他农业用固定资产，由长期投资形成。正如张军（2004）等明确指出，虽然少数研究考虑或讨论了土地和人力资本……但大部分研究资本投入时，仅指严格意义上的物质资本，本书也将遵循这一传统。张军等的这种处理方法也将在本书中借鉴并沿用，一方面，这是本书研究的内在要求，另一方面，将资本扩展到人力资本的范畴进行估算也是不合时宜的。

第二节 国内外文献综述

一 资本投入度量

资本投入度量是宏观经济运行的前提与基础，也是宏观国民经济核算的逻辑起点与终点。由于资本投入量的核算非常复杂，既包括数据概念的理论界定、时间因素，又受到价格等因素的客观影响，资本理论一直是经济研究中最为活跃与最富有挑战性的领域之一。关于资本投入的相关研究，主要从理论和技术两个层面展开。从理论层面看，关于资本可测性的争论曾经是20世纪50—60年代剑桥之争的一个重要议题。造成资本投入核算困难重重的问题之一，就是理论上的分歧以及宏观统计数据的不完整。但是，20世纪50年代以来，众多有影响力的经济学家均对资本投入核算产生了浓厚兴趣。索罗（Solow）较早地强调了资本投入对于经济增长的重要作用，并认为经济增长由有效率的人均资本投入（capital stock per effective worker）增长产生，有效率的人均资本投入会出现稳态（steady state）。此时，只要储蓄率不变，有效率的人均产出就会固定下来不再变化。而资本投入的变化主要由新增资本投入和资本折旧构成，资本投入恒等于产出减消费，或储蓄率（s）与产出的乘积，因此索罗资本度量模型可以表示为：

$$\dot{K}_t = s \times Y_t - \delta K_t$$

其中，$\dot{K}_t = dK_t/d_t$ 表示资本变化；δ 表示资本折旧率。

索罗也认识到人们所要弄清楚每年资本使用的流量毕竟是不现实的，一种比较可行的办法就是转而对现有的资本商品的投入实施估算。显而易见，索罗已经估计到运用资本投入进行估算的难度。与索罗相同，丹尼森沿用了"索罗余值法"（Solow Remaining Value），但估计更为谨慎。在资本方面，他将其详细划分为住宅建筑和住宅用地、非住宅建筑和设备、非住宅土地以及存货4类。对非住宅建筑和设备，根据对总资本投入的估价进行度量。为了充分考虑折旧对资本投入度量所造成的影响，在估算资本投入量时，他同时采用了总资本量和净资本量两种不同形式的算术平均。该分析思路与方法后来被联合国（the United Nations）核算时所采用，他们用总资本量去度量资本投入，用直线法度量资本消耗。丹尼森开创性的研究工作对美国《国民经济核算体系》也产生了深远影响。

显然，从索罗到丹尼森，他们所做的工作更多的属于开拓型、启发性的。对于资本投入度量的关键性工作是由戈德史密斯（Goldsmith Raymond W.）完成的，即戈德史密斯的永续盘存法（PIA）。永续盘存法的理论基础是来源于耐用品生产模型，其资本投入度量的基本公式可以表示为：

$$K(t) = I(t) + [1 - \hat{\delta}(t)] K(t-1)$$

其中，$K(t)$ 为 t 期期末的资本投入，$I(t)$ 为 t 期之内发生的投资量，$\hat{\delta}(t)$ 为 t 期各类资产的平均重置率。

采用永续盘存法估算资本投入主要按照以下步骤进行：第一，确定基期资本投入；第二，对现行价格的投资序列进行缩减以得到一个可比价格投资数列；第三，确定合适的重置率；第四，采用上式计算出资本投入序列。永续盘存法（PIA）因其具有较强的操作性而得以广泛应用。随后乔根森（Jorgenson, Dale W.）发展了拓展的 PIA 方法。

乔根森（Jorgenson，1963、1965、1967 等）根据古典理论的最优资本积累假设推导出投资行为模型，并提出资本租赁价格与度量方法，由此建立起其本投入数量——价格对偶的统一分析框架，并形成了建立在资本存量和资本租赁价格基础上的资本投入度量方法。资本投入由数量指数（资本存量）和价格指数（资本租赁价格）构成，资本存量采用永续盘存法进行估算，比例系数即为资本投入质量指数 $Q_K^i(t)$。与索罗、丹尼森等人的研究不同，乔根森对资本投入量在部门之间进行并且较为全面的估计了运用资本存量代替资本投入可能形成的误差。容易发现，乔根森的度量方法与戈德史密斯相比较，更加谨慎而具体，然而受到统计数据的制约，其使用范围受到了较大限制。

钱纳里（Chenery）等人在经济增长理论分析中引入了非均衡增长的概念，并且以投资产出比 I/Y 代替索罗模型的资本投入增长率 G_K。非均衡增长是一种包含了结构变量的次优增长，比新古典经济模型更加适合发展中国家的经济增长研究。该研究方法提供了一种资本投入度量的思路。

沿着瓦尔拉斯－希克斯递规分析的思路，发展出一种新的资本投入测算的新方法。该分析方法假设厂商投入两种要素即劳动和资本进行生产，首先购买，然后生产，且在生产的末期卖掉生效的所有资本品。可以证明，该方法对资本投入数量的估算和乔根森估算法是一致的。但上述估算方法一个问题就是估算的程序过于复杂，不容易操作。OECD 为此推荐了一种相对简单的算法。基本思路是：从最终产品价值核算出发，将增加值作为产出，在生产者均衡的条件下，增加值主要由劳动和资本报酬构成，其中资本报酬等于资本收益率与资本投入之积。方法尽管存在理论上不严密的特点，但由于产出和投入可以独立决定，因此比较容易实行，但是该算法对数据质量的高标准要求也是不容忽视的。

二 资本投入效率与区域差异

关于效率概念的基本内涵，西方经济学者的观点基本一致，效率即经济效率，效率不仅考虑投入产出，还需要考虑了投入产出在时间上的配置，而且产出还包括了各种非货币形式的所得，如功能的发挥、影响的增加等。投入效率则是从影响效率的基本因素——资本投入的功能性影响程度（如对经济增长、就业等）以及资源配置效率、技术进步效率、规模经济效率等。计量效率方法主要有非参数规划方法——数据包络分析（DEA）和参数回归方法——随机前沿分析法（SFA）（Coelli et al, 1998）。Aigner Lovell、Schmidt（1977）及 Meeusen den Broeck（1977）等最早提出随机边界生产函数模型和估计方法，这种方法成为最近 30 年经济学研究的重要领域之一。Battese（1992）、Bravo – Ureta、Pinheiro（1993）和 Coelli（1996）等对该方法在农业经济方面的应用进行了文献综述。主要可以归纳为 5 种类型：第一，Kumbhakar Ghost、McGuckin（1991）对 Zellner – Revankar 的随机前沿生产函数模型进行了特殊处理，把技术效率假设为其他解释变量的函数，此外，他们的模型还考虑到分配与规模效率。第二，Reifschneider & Stevenson（1991）提出了一个随机前沿生产函数模型，假设技术效率不变是其他变量的函数，例如，模型效率函数与随机误差均为非负值。第三，Huang 和 Liu（1994）提出了一个非中性前沿生产函数模型，假设技术效率受到厂商的各种特定变量以及这些变量与前沿生产函数中投入变量之间的相关关系的制约。第四，Battese 和 Coelli 提出了包络数据的一个前沿生产函数，技术效率的解释变量可能包含时间变量。第五，Coelli（1995）扩展了 Frontier 4 软件用于估计 Battese 和 Coelli（1995）提出的包络数据的一个前沿生产函数，并且提出了基于时间序列的效率模型。

在具体应用方面，一些学者（Lin, 1986, 1989, 1992; Kim, 1990）研究了家庭联产承包责任制的效率。林业经济研究方面，Carter 和 Cubbage（1994）采用 SFA 方法计量了美国南方木材采运业的技术效率和技术进步。Brannlund（1995）和 Hetemäki（1996）采用同样方法分析了环境规则对瑞典和芬兰纸浆业的影响。尹润生（1998）采用 DEA 方法计量美国和加拿大锯材场的 TFP。刘璨（2003）利用 DEA 分析了安徽省金寨县农户生产力发展与消除贫困之间的辩证关系。此外，颜鹏飞、王兵（2004）运用 DEA 方法测度了 1978—2001 年中国 30 个省市的技术效率、技术进步率和曼奎斯特指生产率指数，对且对人力资本和制度因素同技术效率、技术进步和生产率增长的关系进行了实证检验。

国外关于区域差异研究的重要文献之一主要体现在区域差异的算方上，主要包括绝对差异指标和相对差异指标。绝对差异是某变量偏离参照值的绝对额，相对差异是指某变量偏离参照值的相对额。测算数据差异的方法一般有：平均差、标准差（S）、极差（R）。测算相对差异的方法包括极值差率、洛伦兹曲线（Lorenz curve）、基尼系数（Gini Index）和变异系数（V）、库兹涅茨比率（Kuznets Rate）、锡尔系数、结构熵、集中指数等。测算的主要表现为两种结果：收敛或者发散。一般而言，收敛问题概括为三种假说：绝对收敛假说（Absolute Covergence）、条件收敛假说（Conditional Covergence）以及俱乐部收敛假说。关于地区经济差距变化趋势即是否收敛的检验指数比较多，主要有以下集中在：β 收敛（Sala – Martin，1990）、σ 收敛（Sala – Martin，1990）、俱乐部收敛（以 Sala – Martin 的模型为基础的改进）、Theil 指数等。John Salerian、Chris Chan（2005）用 DEA 方法分析了 20 个国家铁路运输效率。Liu Fuh – Hwa Franklin 和 Wang Peng – hsiang（2008）运测算了台湾 2000—2003 年间企业生产的 Malmquist productivity。

趋同研究开始于 Baumol（1986）和 Abramovitz（1986）。Baumol 采用 Maddison 数据，发现工业化国家存在趋同。但该发现被认为是建立在样本选择有偏的基础上的（Delong，1988）。因为如果把样本扩展到非工业化国家，则不存在趋同趋势。同期以 Romer（1986）和 Lucas（1988）为代表的新经济增长理论确切的说是 AK 类型的新增长理论，预言的恰好是趋异。随后趋同研究大致沿着两个方向发展：趋同机制和趋同工具箱的拓展。趋同机制的扩展是从关注资本边际报酬递减到关注技术扩散、转移。趋同研究源于资本的边际报酬递减不变的争论，随着新增长理论从 AK 类型发展到 R&D，人们着重强调内生的技术在经济增长中的引擎作用。在这种情况下，从技术转移的角度研究趋同，就成为水到渠成的问题。目前，人们看重探讨技术转移在趋同中的作用（Bernard & Jones，1996；Kumar & Russell，2002）。关于趋同工具箱的扩展主要是从截面分析（Cross-Section）到面板分析（Panel-data）。研究趋同一般始于 Barro 回归方程和 MRW 分析框架，Islam（1995）明确指出估计是有偏的，建议使用面板分析。因为面板分析既能保持与新古典增长理论一致的结论（每个经济体的长期增长率相等，为外生的技术进步率），又能解决估计有偏问题，而且 Islam（1995）发现 MRW 分析框架可以自然的导出回归方程。Dowrick 和 Rogers（2002）同样采用面板分析，实现了一个分析框架内既考虑新古典增长的趋同机制又考虑新增长理论的趋同机制（技术转移、扩散）。目前，随着 Quah（1996）的批判越来越为人们所接受，从增长分布的角度研究趋同已经逐渐成为一个新的发展方向，沿着这条主线，现有的研究主要从三个层面展开，提炼区域增长分布演进的典型事实、探索区域增长分布演进的机制和展望全球未来增长的分布演进（Quah，1996；Jones，1997；Kumar & Russell，2002；Henderson，2002）。其中，随着空间计量经济学的兴起，为揭示区域差异的内在机理方面纳入空间的因素提供了可能。自从 Paelinck 提出"空间经济计量学"（Spatial Econometrics）这个术语，Cliff 和 Ord（1973，1981）对空间自回归模型的开拓性工作，发展出更为广泛的模型、参数估计和检验技术，使得经济计量学建模中综合空间因素变得更加有效。空间计量经济学是计量经济学的一个分支，研究的是如何在横截面数据（Cross-sectional Data）和面板数据（Panel Data）的回归模型中处理空间相互作用（空间自相关）和空间结构（空间不均匀性）（Anselin L.，1988）。

三 农村金融发展与农业经济增长

在经济学的理论研究中，农村金融与农村经济增长关系一直隐藏在宏观经济增长分析的理论框架中，近年来关于农村金融发展与农业经济增长的研究已越来越引起广泛的重视。在阿罗—德布鲁—麦肯齐空间中（Arrow-Debreu-Mackenzie）不存在任何的信息和交易成本，因此金融中介变得无关紧要。然而这个理论化的标准空间是以非现实的假定为基础，一旦信息不完全和摩擦被引入框架，金融中介的作用立即凸显出来。如果市场是不完全的，那么经济中的交易成本就很高，过高的交易成本可能极大地降低交易量。从技术上讲，金融中介的存在将减少市场的不完全性和摩擦，增加交易的机会与可能性。因此，金融发展问题引入经济理论分析框架内也成为自然的事情。Schumpeter（1912）开辟了有关金融发展与经济增长理论研究的先河，他说明了功能良好的银行通过甄别并向最有机会在创新产品和生产过程中成功的企业家融资而促进技术创新，通过技术创新从而促进经济增长。Hicks（1969）强调金融发展通过资本积累而促进经济增长，认为英格兰的金融体系为巨大工程筹集资本进而引发工业革命过程中发挥了关键性作用。与 Schumpeter 一样，Hicks 的理论研究更多的只是一种理论推测。Shaw（1955）和麦金农（Mckinnon，1973）关于"金融抑止"与"金融深化"理论全面深入地研究了金融发展问题。Shaw 认为，从金融深化的角度看发展中国家金融体制的脆弱性和金融市场不发达是由政府干预扭曲造成的，要使金融结构深化，经济发展，必须消除政府干预，使利率与资金配置市场化。麦金农（Mckinnon）认为，发展中国家金融结构的扭曲总是与金融市场受抑制相关，要获得金融发展，必须消除金融抑制。金融深化与金融抑制理论产生了广泛而深刻的政治影响，包括 20 世纪 70 年代以后广大的拉美国家以放松政府对金融的直接控制为核心的金融改革，80 年代中后期拉美和亚洲掀起的金融改革与金融自由化浪潮。然而 Guley 和 Shaw（1955）、Tobin（1965）、麦金农（1973）的模型主要集中于货币，这种研究方法限制了对金融—经济增长之间复杂关系的深入分析，从而易产生误导，将金融部门与实体部门割裂开来。（朱闰龙，2004）此后，关于金融发展与经济增长的研究主要集中在三个方面：金融结构论、金融服务（功能）论和金融法权论。Goldsmith（1969）采用狭义的金融结构定义，开创性地对金融结构与经济增长的关系进行跨国比较分析，研究认为伴随着经济发展和市场深化，一国的金融结构也会随之不断发生变化，金融发展就是金融结构的变化。这种观点被一些学者（Gerschenkron，1962；Tilly，1967；Gerschenkron，1968；Diamond，1984；Ramakrishan & Thakor，1984；Fohlin，1990；Bencivenga & Smith，1991；Stiglitz，1995；Sirri & Tufano，1995；Allen & Gale，1999；Dellas，Harris；Hess，Martin，2005，et al）进一步发展。需要指出的是，上述研究成果在金融结构评价指标的选取上存在较大差别，由于金融发展本身就是一个非常复杂的问题，因此对金融发展关注的角度自然也就不同。持金融服务论观点的学者研究指出金融结构论问题，即建立在一定发展程度上的金融结构的总和，包括各种金融安排（和约、规制、中介、市场等）

构成了整个金融体系,都是为经济提供相应的服务并发挥自己特有的功能(Hicks,1969;Dybvig,1983;Stiglitz,1985;Sharpe,1990;Starr,1995;Greenwood & Smith,1997;Levine,1997;Ndikumana、Ferreira da Silva & Gisele,2002;LÃÃonce,2005,et al)。这些功能包括资金配置、规避市场风险、投资信息搜集、监督与控制、动员存款、促进交易等。金融法权论的研究集中在不同国家法律体系在投资者和债权人权益保护方面不同,而这直接影响企业融资、公司治理、偿债及其他措施,最终直接影响到一国或区域性长期经济增长(La Porta,1997;La Porta,1998,Rajan & LLSV,1997、1998、2000;Levine,1996、1998、2000;Barth & Caprio,2001;Dellas Harris & Beck Thorsten,2002;Hess Martin,2005,et al)。关于要素投入、金融发展与经济增长问题的研究方法,主要有回归分析法,基本模型如下:

$$Y_i = \alpha 0 + \alpha 1 FD_i + \alpha 2 X_i + \varepsilon_i \tag{2.1}$$

其中,Y_i 表示 i 国的经济增长率,FD_i 表示金融深化指标,X_i 表示一系列控制变量。关于这种研究的差异主要体现在系列控制变量 X_i 以及金融深化指标 FD_i 的选择不同,关于 FD_i 指标选取并产生广泛影响的研究成果集中体现在 Shaw(1955),Mckinnon(1973),King、Levine(1993)、Levine(1997),IMD(1999)等的研究成果中。另外一些学者(Beck & Levine,1999;Levine & Loayaza,1999;Osinki,2000;Caroline Waqabaca,2004)运用 Granger Causality Test、Contigration Test 等研究方法对二者的关系进行了判定,这中间包括一些跨国比较分析。还有一些学者(Smith,1998;Greenwood & Jovanovic,1999;Khan & Senhadji,2000)对二者的非线性关系进行了较为细致的分析。总体而言,上述计量分析揭示了在跨国比较分析中,金融发展水平是各国经济增长差异的重要决定因素。但如果进行分组估计,这种相关关系就变为弱显著性或不相关性,如果再考虑到众多的研究成果均以发达国家作为样本,对以广大的发展国家为样本的研究成果较少。

国内的一些学者也开始关注金融发展与经济增长问题,与此相关的研究主要沿着两条主线展开:一是整体宏观金融发展与经济增长问题。(谈儒勇,1999;伍海华、张旭,2001;米建国、李建伟,2002;冉茂盛、张宗益,2003;王志强、孙刚,2003;伍海华、马正兵,2003;卢峰、姚洋,2004;战明华,2004;姚耀军,2004;朱闰龙,2004;钟伟、王浣尘，2004；赵振全、薛丰慧，2004；梁莉，2005；冉光和，2005；张磊，2005等）二是区域金融发展与经济增长问题。（周立、王子明，2002；彭化非、范闽，2003；沈坤荣、张成，2004；王景武，2005；张树忠，2005等）在研究方法上，计量经济学中的回归分析技术被普遍采用，协整理论及 Granger Casualitu Test 已经开始采用。但从整体上看，由于研究数据和研究方法的不同，研究结果存在较大差异。

四　资本投入运行机制

（一）农业财政资本投入文献综述

国内外探讨财政投入与经济增长关系的文献较多，但具体到农业财政投入与农业经济增长之间的关系以及财政农业投入机制的研究文献则相对较少。从检索文献看，研究主要从两个方面展开：一是财政农业投入各部分与对经济增长的作用。Antle（1993）估计了一个单方程生产函数，指出农业基础设施和农业科学研究能够降低农业生产成本，从而提高农业的生产能力。Binswanger（1993）估计了印度农业基础设施和农业 R&D 对农业生产的促进作用，并指出农村公共基础设施投入应该投向生产率较高的地区。樊胜根、张林秀（2002）构建了一个包含农村道路、教育、通信等多变量内生决定的联立方程模型，测算了各种农业公共投入对农村经济增长以及农村扶贫的影响以及财政农业投入各部分的优先序。钱克明（2003）运用单方程模型，按照各投入要素对农业总产值贡献的大小，确立各投入的优先序依次为：农业科技投入、农村教育投入、农村基础设施投入、农户物质投入。李焕彰、钱忠好（2004）运用单方程模型从三大支出结构来分析财政农业投入的边际产出率，测算出农业科技三项费用和农业基本建设指出对农业产出具有显著的作用，而支援农业生产支出和农林水利气象等部门事业费对农业产出的贡献为负。此外，Dimiitris etc（2002）利用欧盟、日本和美国的数据，采用 OECD 的生产者支持等值和乌拉圭农业协议（URAA）的总和支持量指标进行比较来反映农业支持政策调整所取得的进展。Olga Melyukhina（2002）以 7 个成员国（保加利亚、爱沙尼亚、拉脱维亚、立陶宛、罗马尼亚、俄罗斯和斯洛文尼亚）为典型案例，研究了转轨国家农业支持的途径和效果。而较早的开始对财政农业投入效率进行研究的是美国经济学家 Levitt 和 Joyce（1990）在《公共支出的增长和效率》中，他们主要从费用和效益对比的角度研究财政农业投入的效率，并针对财政农业投入效率低下提出了改善和提高财政农业投入效率的路径选择。Barro对公共支出和经济增长的关系进行了实证研究，结果表明，用于生产公共产品的支出具有正的外部性，对经济增长的影响呈倒"U"形模式，说明存在最优公共支出水平。而Aschaner则指出政府资本投入对生产率的增长具有正效应。

（二）农业信贷资本投入文献综述

1. 信贷配给均衡理论。

信贷可得性理论最早讨论货币传导机制中的重要性的理论之一。早期关于借贷行为的研究集中体下在Hodgman（1960），Miller（1962），Freimer、Gordon（1965），Smith（1972），Jaffee、Modigliani（1969），Jaffee、Russell（1976）等人的研究成果中。其中，Hodgman（1960）通过建立一个单期两人的信贷模型，并推导出完全缺乏弹性的信贷供给曲线，并对此提供了解释。该模型后来被Miller（1962）、Freimer、Gordon（1965）所发展。Jaffee、Modigliani（1969）则第一次较为系统地定义了信贷配给的含义，并且试图在一个统一的分析框架内解释信贷配给产生的原因。

此后，Jaffee、Russell（1976）、Keeton（1979）、Stiglitz、Weiss（1981）等最早将逆向选择和道德风险概念引入信贷市场分析，Jaffee、Russell（1976）建立了一个存在事前信息不对称的消费信贷市场模型。由于存款人事前不能区分借款人的风险特征，市场利率就会有一个风险贴水。给定贷款人的利润，低风险的借款人更偏好较低的、能使其效用最大化的利率水平。Stiglitz、Weiss（1981）从逆向选择的角度深入探讨了信贷市场的企业家行为、银行行为等，有利地揭示了信贷市场是在信息不对称的条件下，市场参与者利润或效用最大化的理性行为的结果，并不以外生的制度因素的存在为条件。

Bester（1985，1987）较早地将抵押品和利率同时作为贷款合同条件，认为不同类型的借款人对这两个变量之间的不同权衡可以反映出他们的风险程度，低风险的企业愿意提供更多的抵押品以获得低利率的贷款。Besanko、Thakor（1987）认为即使分离均衡也可能意味着信贷配给的存在。Stiglitz、Weiss（1992）建立了一个更一般的模型，同时考虑了道德风险和逆向选择问题，银行也可同时调整利率和抵押品的要求。他们证明：在企业家的财富水平各不相同并且绝对风险规避程度递减的情况下，分离均衡是不可行的，因为抵押品的能力不再是项目风险的有效信号。尽管银行可以利用抵押品要求扩大自己的战略空间。

Schreft、Villamil（1992）模型中，贷款规模是可变的，利润最大化的贷款人可能通过限制贷款数量对企业进行信贷配给。他们假设借款企业的物质禀赋各不相同，禀赋多的企业在信贷市场上是较大的贷款人。但借款企业的禀赋类型是他们的私人信息。在信息不对称条件下，贷款人给出的平均利润随贷款规模的扩大而下降的差别利率方案是引导企业根据自己的类型进行选择。Ardeni、Messori（1999）分析了贷款规模可变条件下信贷配给出现的可能性。由于规模和贷款利率是可以同时变化的，银行可以将贷款合同作为甄别机制引导贷款人进行自选择。通过自选择，高质量项目的借款人可以寻求比低质量项目的借款人更好的信贷条件。但分离均衡和混合均衡都有可能同时出现。显而易见，农村信贷市场存在是典型的信贷配给现象。

2. 团体借贷研究与担保治理理论。

20世纪30年代，经济学家开始关注被传统经济理论所忽视的企业内部管理效率问题，认识到了激励的重要性。随后，由于Williamson（1973，1975a）等人对交易费用理论的发展，以及信息经济学、委托代理理论的突破，现代企业理论得以迅速发展。20世纪70年代Alchian、Demsetz（1972）将企业研究的重点从交易费用转移到解释企业内部机构激励问题上，提出了团队生产理论。他们认为企业的生产本质上是一种"团队生产"方式，为了解决团队内部成员"搭便车"问题，需要团队的纵向监督和横向监督。其中，横向监督的思想在团体贷款以及农业保险和农业团队生产中均有重要体现。Jones、Kato（1995）的调查发现它可以激发成员间的互相监督并创造一种对生产有利的气氛。Williamson（1975b）认识到了团队的潜在组织利益，其中一点就是在于它的成员能够以较低的监督成本来实施相对监督（实际上这种监督是自动的），从而团队形成部分的揭示为团队相对于市场来说拥有更强的事前甄别和事后监督能力。

到了80年代美国和加拿大很多企业掀起了用运团队概念、提倡团队生产、减少来自上层的纵向监督和提倡成员之间的横向监督的浪潮。90年代以后，许多产业机构开始建立基于团队的产品设计、程序合理化、提高质量等生产模式（Rhea，1987；Puckett、Pacheco，1990；Aaron，1990等）。Chinn（1979）关于中国集体农业的研究表明：横向监督可以激励生产队员提高对集体部门劳动力供给，并且团队的凝聚力越强，队员实施横向监督以促进其他成员提高努力程度的积极性就越大。当个人激励机制能够激发成员提高可测的努力行为时，横向监督就会成为激发不可测行为的主要机制。Varian（1990）提出了横向监督对提高团队生产能力的可能性。Arnott & Stiglitz（1991）通过考察一个简单模型，在这个模型中个人利用非市场保险（家庭和朋友之间的相互帮助）来补充市场保险的激励，认识到横向监督机制在减轻"道德风险"（Ethical Risks）、提高生产效率等方面的重要性。Kandel & Lazear（1992）研究表明：假设横向监督对团队生产没有直接影响的情况，分享利润的团队不管是大是小，激励最大化都可以达到。从而作为利润分享结果的"搭便车"行为（hitchhike）被横向监督大大抵消了。Stiglitz（1990）假设团队成员之间的互相监督是可以完全获得且不需要成本的，且横向监督的成本并不多，此观点被很多学者所支持。（Kandel & Lazear, 1992; Baron & Gjerde, 1997; Conlin, 1999; Ghatak & Guinnane, 1999; Arnebdaruz de Aghion, 1999）其中，Arnebdaruz de Aghion（1999）认为横向监督成本的存在会削弱横向监督所带来的好处，而 Conlin（1999）则认为成本来源贷款者对更多风险的承受。

此外，Baron & Gjerde（1997）认为虽然横向监督会激励团体成员付出额外的努力，但也会出现潜在的负效果。Wydick（2000）在危地马拉的调研发现，只有13.6%的贷款者愿意进行团体贷款，而80%的贷款者更愿意进行个人贷款。个体贷款的盛行无疑会增大银行的营业成本和监督成本，从而间接提高融资者的融资成本。

当然也有人否认横向监督对团队产生的影响。Ghatak（1995）认为团队是通过自我选择形成的，因此团队倾向于同类贷款者的组成，这一程度可以降低高风险贷款者的比例和均衡利率水平并导致团体贷款的帕累托优于个人贷款。Wenner（1995）通过对哥斯达黎加25个信贷团体的研究发现了运用信息甄别机制并依赖于信誉的信贷团体拥有信息优势的证据。Morduch（1999）认为团体贷款的五个优点之一就是同事之间的自我选择。Ghatak（1999, 2000）也认为连带责任可以诱导自我选择，这种甄别与分类过程有助于提高还款率，并且可以运用当地市场来减轻信贷市场失灵，通过给穷人提供小额资金援助而实现效率和公平。

担保，作为一项重要的融资条件（最重要的非利率因素），在间接融资中一直被广泛使用。美国将近70%的工商业贷款使用了担保（Berger

等，1990），约80%的小型企业贷款是通过担保获得的。（Glassman 等，1982）英国几乎 85% 的小型工商业贷款的担保—贷款比率（即担保额/贷款额）更是超过了 100%。（DeMeza，1996）但是，担保在实践上的大量使用在一开始并没有引起学者们的关注。早期文献对担保的探讨，大多在研究信贷配给问题时有所涉及，一直没有被作为相对独立的理论进行专门研究。随着 1970—1980 年西方国家的利率市场化进程的相继完成，严酷的银行竞争（主要是利率竞争）迫使银行在利率以外寻求新的竞争要素，担保等非利率因素被日益重视并广泛使用，从而为担保理论的研究提供了现实背景。而这一时期契约理论的发展，为融资担保理论的研究提供了崭新的视角和研究方法，从不完全契约角度研究担保的理论开始出现并迅速发展。到 1976 年，Barro 撇开信贷配给问题，集中研究了担保的经济功能、交易成本以及对利率和贷款规模的影响，从而首先确立了担保理论在金融经济学中的独立地位。自 Barro 以后，越来越多的学者开始关注融资担保问题，尤其是随着博弈理论和信息经济学的发展，诸多有价值的研究成果纷纷涌现，融资担保的理论研究也日益丰富和深入。

经济学家们在研究团体借贷行为时因为忽视了社会关系体系在组织中扮演的重要角色而饱受一些社会学家的批评。（Granovertter，1985；Baron，1988）Spagnolo（1999）建立了一个研究组织中社会关系与成员的合作能力的关系的一般框架，他认为社会资本是"社会关系缓解中执行规则能力的薄弱的部分"，并将组织成员中的关系划分为生产关系和社会关系。Holmstrom（1982）将团队成员之间的长期关系模型化一个重复的"生产"囚徒困境，并认为团队成员之间的长期社会关系是一种重复性的战略性交往。

3. 借款人与贷款人的最优合同。

银行在与借款人签订借款合同时，通常希望能在合同中列明所有的不确定事项——完全合同。Grossman 和 Hart（1986），Hart 和 Moore（1990）创立的不完全合同理论（GHM 范式）则证明了合同（包括借款合同）不可能是完全的。尽管不完全合同的"不完全性"的基础——第三方不可证实性，还存在争议，但这并不妨碍借贷双方追求"次优"合同的理论。所谓借款人与贷款人的最优合同理论实际上是讨论如何在"次优"的融资合同中建立有效的激励机制，实现借贷双方的激励相容。研究的起点是借贷双方对称信息情况下，借款人现金流量可观察的最优风险分担，但是风险分担的约束因素不能完全解释"标准债务合同"的广泛应用，因此信息对称的结论是不能成立的。Townsend（1979）提出，并经过 Gale 和 Hellwing（1985）发展了借贷双方信息不对称条件下、对借款人投资结果——现金流量进行高成本检查的高成本状态证实模型（CSV）。Bolton 和 Scharfstein（1990）则进一步将借款人与贷款人的最优合同理论推进到动态条件下，讨论了动态条件下的贷款偿付激励问题。

第三节 典型理论借鉴

一 农村金融深化与抑制理论

农村金融深化与抑制理论实际上是金融深化与金融抑制理论在农村金融领域的拓展与实际运用。麦金农（R. I. Mckinnon）通过从对哈罗德模型（Harold Model）的批评中来阐述金融深化理论的。众所周知，哈罗德模型中未曾考虑金融因素，假定储蓄会自动转移到相同收益率的投资中去。对金融深化理论进行了经典论述。若以 Q 代表产出—资本比率（常数），y 代表实际产出（收入），K 代表实际资本投入，则简明生产函数为：

$$y = QK \tag{2.2}$$

该模型认为，储蓄（投资）轻响是收入的一个固定比率，用 S 表示，即：

$$I = dK/dt = S \times y \tag{2.3}$$

将式（2.2）带入式（2.3），则得到收入增长的增长率 y'，即：

$$y' = \sigma \times s \tag{2.4}$$

即该收入增长率是边际产出—资本比率同边际储蓄倾向的乘积。

麦金农认为储蓄倾向是受其他金融变量收入实际利率和收入增长率所决定变量，即：

$$s = s(y', \rho) \tag{2.5}$$

式（2.5）中，$0 < s < 1$，$ds/dy' > 0$，$ds/d\rho > 0$，ρ 代表金融体制改革后各金融深化指标，这样有式（2.6）：

$$y' = \sigma_s(y', \rho) \tag{2.6}$$

从式 (2.6) 中可以看出，经济增长与金融深化和储蓄倾向存在内在的关系，经济增长受金融深化和储蓄倾向的影响。为了更加清晰地看出变量之间的关系，我们处理成图 2-1。纵轴为 σ_2，横轴代表收入增长率 y'，45 度线表示 $y' = \sigma_2$ 的均衡经济增长。如果体制尚未变革，即存在金融体制，金融深化有限，$\rho = \rho'$，它表示很低的负数的实际货币收益和很小的货币—收入比，函数 $\sigma_2(y', \rho)$ 可以由 AB 线表示，AB 和 45 度线的焦点 E 所决定的均衡收入增长为 oe。若实行了金融改革，金融深化有显著成效后，ρ 由 ρ' 变化为 ρ^*，储蓄倾向变大，储蓄函数从 AB 提高到 CD，金融改革使储蓄函数上移，斜率加大。储蓄函数的变化使均衡增长率由 E 提高到 F。这可分为两个相关的部分，EG 代表收入尚未增长之前金融改革对储蓄的刺激，而 GM 则代表收入上升到新的均衡水平时对储蓄的进一步推动，也成为"成长红利"。CD 斜率比 AB 更陡，反映了货币改革金融深化后收入对储蓄倾向的影响，即一旦放松金融压制，人们持有货币的意愿会加大。

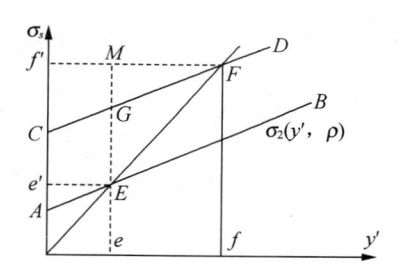

图 2-1 储蓄倾向和收入增长率

针对发展中国家的二元金融结构、货币化程度低、金融市场落后、金融体制效率低下、政府对金融严格控制的特点，美国经济学家麦金农和爱德华·肖在前人研究的基础上提出了著名了"金融抑制论"。Shaw 认为，造成发展中国家金融抑制的根本原因在于制度上的缺少和当局政策上的失误，特别是政府对利率的强制规定，使其低于市场均衡水平，同时又未能有效控制通胀，使实际利率变为负数，从而直接降低资金的使用效率。

Shaw 的金融抑制理论可以通过如图 2-2 说明。图中，横轴表示金融资产数量，也可以看做储蓄投资数量，纵轴表示利率水平。曲线 bb' 和 bb 分别表示存款的平均利率和边际利率，在该利率水平下，金融机构可以出售自己的间接证券。名义利率从原点 o 起向上标出，实际利率则从 p^* 起向上标出。op^* 代表预期的通货膨胀率，坚定对存款利率规定名义上限 a'，则实际利率为负利率 p^*a'，此时能满足市场出清的贷款利率为 aa'，而落后经济中，对名义贷款利率往往对定上限，坚定将名义贷款利率规定为 op^*，即实际贷款利率为 0。此时，储蓄这将资金借给金融中介机构所获得的不是报酬，确是负利率惩罚。而借款人却可以按照很低的或者是负的实际利率介入免费的甚至是倒贴利息的资金。贷款利率 op^* 和存款利率 oa' 的差 $a'P^*$ 是金融中介机构获得的补偿。在该图中，存款者倒贴的利息就是金融中介机构的收入，而金融中介机构所希望获得的贷款利率和存款利率分别为 oc'' 和 oc'，此时，其边际收益等于边际成本。

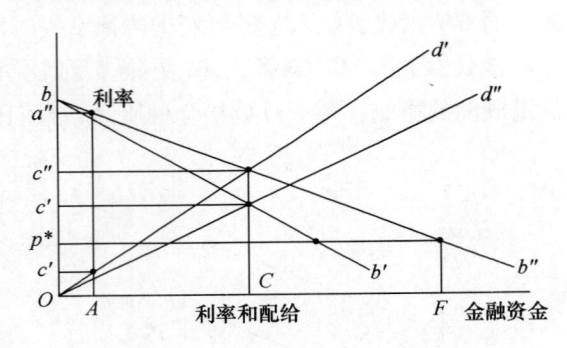

图 2-2　金融抑制模型

造成广大发展中国家金融发展落后的局面原因是多方面的：一是由于金融机制不健全，金融机构不发达，金融市场落后，而难以有效地配置社会资金等方面的体制原因；二是由于政府实行过分干预和管制的金融政策，如人为的压低利率、汇率。由于金融抑制的存在，加剧了发展中国家金融体系发展的不平衡，极大地限制了金融机构的业务活动，约束了金融市场的形成和发展，阻碍社会储蓄向社会投资的有效转化，投资效率低下，最终制约了国民经济的发展，经济发展落后使得金融发展更加落后。要促进经济的发展必须解除金融抑制，促进金融深化发展。

二　农业资本效率理论

资本效率理论是以资本使用效果为研究研究对象的理论。资本要素作为经济增长的基本要素之一，在古典经济增长理论（哈罗德—多玛模型，Harold – Doma model）、新古典经济增长理论以及新经济增长理论的分析框架中均占有重要地位。如何要素投入过程中,不断提高资本使用效率对于保持农业经济增长具有十分重要的意义。在现实生活中,资本不能充分发挥出其应有的效率的现象较为普遍。究其原因,也是多方面的。首先,资本投入效率的提高受到其他配套要素投入的制约,这主要表现在配套劳动力要素投入的制约上。由于资本、劳动力等基本要素的丰裕程度不一致,因此要素投入组合比例很难适应经济发展要求,从而降低资本效率。其次,资本效率的充分发挥要受到资本要素内部结构的影响,这些结构包括部门结构、技术结构、项目结构,等等。现代经济是多个环节协调共同发展的统一整体,各个环节相互依存,一个环节的产出是另一个环节的投入,整个社会资本效率不是由于资本效率最高的环节决定的,而是很大程度上受到资本效率低的那些环节的制约,即所谓的"短边效应"。因此,要提高整个社会资本效率,有赖于资本各种结构的协调发展与合理化。最后,一般情况下,资本是通过投资形成的,而投资来源于储蓄,因而资本效率受到国民收入中消费和储蓄的分配比例制约。资本产出的最终目的是满足人们的消费需求,分配过于偏向于储蓄会抑制消费,进而抑制产出增长,最终影响到资本产出比率或增量资本产出比率衡量的资本投入效率。当然,资本效率能否提高还受到资本流动性强弱的影响。市场机制通过价格信号自动调节要素配置,将资源用于最能发挥其效率的用途,并能最终实现整个社会的效率最大化。而在资本不能自由流动的条件下,资本不能从使用效率低的用途转向效率高的用途,从而形成由于资本流动性不足而引致的资本效率抑制。作为政府重要的经济资源,如何提高资本投入的配置绩效,就成为制约资本使用效率的重要因素。资本效率理论将为不断提高农业资本投入效率提供理论借鉴。

三 机制设计理论

机制设计理论(mechanism design theory)是最近二十年微观经济领域中发展最快的一个分支,美国明尼苏达大学(University of Minnesota)经济学教授利奥·赫尔维茨(Leonid Hurwicz)、新泽西普林斯顿高等研究院(New Jersey Princeton Higher Academy)教授埃瑞克·马斯金(Eric S. Maskin)以及芝加哥大学(University of Chicago)经济学教授罗格·迈尔森(Roger B. Myerson),共同奠定了"机制设计理论(mechanism design theory)"的理论基础。

按照亚当·斯密(Adam Smith)的理论假设,作为"看不见的手"

的市场能否自动自发地实现资源和要素的有效配置。显然,由于现实世界总存在各种各样的约束,大大制约了市场有效进行资源配置的功能,即"市场失灵"现象是不可避免的。例如在典型的不完全竞争、不完全信息、外部性、公共物品、规模报酬递增以及不可分商品等条件约束下,市场自动自发的分配机制就不能自动实现资源的有效配置。考虑在不完全信息条件下,市场的任何经济主体都不可能充分掌握其他市场主体的完全私人信息。由于所有私人信息不可能被一个市场主体完全掌握,因此,分散化决策就能成为必然。然而,有关个人偏好和可用生产技术的信息分布在众多市场参与者中,自然就无法避免部分参与个人为了最大化个人利益而"隐藏真实信息",从社会总体福利改善角度来看,这将直接导致资源配置效率的损失。显然,存在"市场失灵"的市场机制并非完美的,那么更一般的,对于给定的经济环境,人们自然需要深入探索在一个或多个用更少的信息或更低的成本机制来实现资源配置实现帕累托最优目标。

简而言之,机制设计理论就是在把机制定义为一个信息交换系统和信息博弈过程之后,把关于机制的比较转化成对信息博弈过程均衡的比较。在研究初期,赫尔维茨主要是集中在机制的信息和计算成本方面,而没有考虑激励问题,马斯金等(1972)提出的团队理论(theory of teams)在很大程度上填补了这方面的空白。此外,20世纪70年代显示原理(revelation principle)的形成和实施理论(implementation theory)的发展也进一步推动了机制设计理论的深化。显示原理大大简化了机制设计理论问题的分析,在Gibbard(1973)提出直接显示机制之后,迈尔森(1979)等将其拓展到更一般的贝叶斯纳什均衡(Bayesian Nash equilibrium)上,并开创了其在规制理论和拍卖理论等方面的研究。针对显示原理没有涉及多个均衡的问题,马斯金(1977)从中引申出了实施理论,目前该理论已经在包括社会选择、不完全契约等多个研究领域发挥了重要作用。

机制设计理论不仅能在相对不严格的假定下系统地分析和比较多种制度,而且可以将很多现有的研究,如拍卖理论、规制理论、社会选择理论等纳入到统一的分析框架中。机制设计理论将制度定义为非合作博弈,根据这些博弈形式的均衡结果,比较了不同的制度,从而能够相对于某个最优标准来评价不同制度的表现。机制设计理论还为许多现实问题提供了理论解释,从而在很大程度上影响了经济政策和市场制度。由于用一个统一的模型把所有的经济机制放在了一起进行研究,机制设计理论的研究对象大到整体经济制度的一般均衡设计,小到某个经济活动的局部均衡设计。其研究范围涵盖了计划经济、市场经济以及各种混合经济机制。同时,机制设计理论中"设计者"的概念也是非常广泛的,既可以是宏观经济政策制定者或制度设计者,也可以是微观经济单位的主管领导。这使得机制设计理论具备了非常广泛的应用前景,将大到宏观经济政策、制度的制定,小到企业的组织管理问题纳入到统一的分析框架中,对现实问题具有很强的解释力和应用价值。比如对于实践中一些出发点很好的规章制度却得不到有效贯彻执行,甚至参与者还利用既有政策来最大化个人利益,从而造成机制效率损失等问题,机制设计理论认为这不仅仅是因为物质和技术等的约束,最主要的还是制度设计不满足激励相容,因而无法保证个人理性与集体理性的同时实现。

与传统理论相比,机制设计理论不仅仅是指出了种种不可能性的困境,更重要的是提供了具体情况下走出困境的途径——如何设计机制或者规则,使得微观主体真实显示个人偏好,由个人偏好和经济机制决定的行为方式最终将能够保证社会目标的达成。可以说,由赫尔维茨开创并由马斯金和迈尔森做出发展运用的机制设计理论的基本思想和框架,已经深深地影响和改变了包括信息经济学、规制经济学、公共经济学、劳动经济学等在内的现代经济学的许多学科。目前,机制设计理论已经进入了主流经济学的核心部分,被广泛地运用于垄断定价、最优税收、契约理论、委托代理理论以及拍卖理论等诸多领域。许多现实和理论问题如规章或法规制订、最优税制设计、行政管理、民主选举、社会制度设计等都可归结为机制设计问题。对于正处于制度创新和经济、社会制度转型时期的国家而言,机制设计理论同样具有非常重要的现实意义。

第四节 实践经验借鉴

一 美洲国家农业资金投入典型经验借鉴

美洲包括美国、加拿大等拥有世界上农业发展程度最高的国家。以美国为例,美国是世界上最发达的资本主义国家,农业基本上以大面积的农场和牧场为主,农业人口很少,只占总人口的2%左右,其劳动生产率、国民生产总值和对外贸易额长期高居世界首位,这与美国政府高度重视农业,强调财政农业资金投入、信贷资金投入对农村支撑作用密不可分。在法律和制度的引导下,美国综合采用积极的财政农业资金投入政策(财政收入政策与财政支出政策)和信贷资金投入政策,并最终建立起以合作金融为主体、以政策性金融为保障,以商业性金融为补充,与美国城乡协调发展相适应的农村金融体系;构造出了以政府协调为主导,市场协调为基础,政府、民间和企业相互配合,多种手段综合运用,不同协调主体分工明确,功能完善的农业资本投入运行模式。

(一)农业财政资金投入

美国财政农业资金投入促进农业经济增长的重点体现在农业基础建设领域。财政农业资本投入包括政府财政收入政策与财政支出政策。

1. 从财政支出政策角度看

(1)政府财政投资。美国政府财政投资的重要内容之一就是实施农村公共基础设施支持计划。农村公共基础设施发展方面主要包括农村公用设施的建设和维修,如农村的电气、电信、电话设施、农村的远程教育与医疗、农村的垃圾处理、农村的社区发展等。美国从南北战争后至今,对全美农村进行了全面开发,重点在于改善农业基础设施,如灌溉设施和乡村道路等,由州政府或私人灌溉公司来承建这些水利设施。美国的大型灌溉设施都是由联邦和州政府投资兴建,中小型灌溉设施由农场主个人或联合投资,农业部也要给予一定的资助。

(2)政府财政购买。美国政府购买占 GDP 的比重不断上升,1913 年这个比重不足 3%,20 世纪 30 年代达到 15% 左右,80 年代达到了 20% 多,随着美国政府购买占 GDP 的比重不断上升,美国政府的财政政策对国民经济运行的影响程度越来越大,政府运用财政政策刺激经济短期内增长的能力越来越强。其中,美国财政对农业的购买占重要部分。例如,联邦政府规定,农业机械可以加速折旧,农民购买新机械费用的 20% 由国家给予补贴。美国政府财政购买的另一个方面表现在对农产品的购买。

(3)政府转移支付。美国的财政实行联邦、州、地方三级预算制度,并依据政府间事权的划分确定三级财政的支出范围。美国联邦政府的财政转移支付分为 3 种:专项补助、收入分享和总额拨款。专项补助又称项目拨款,一般集中用于农村教育、卫生、环保、交通等公共服务。

(4)政府财政补贴。联邦政府实施了 70 年的农业产品计划是联邦政府依据农产品的市场供求和年终库存以及对下年度国内外市场需求的评估,来确定下年度种植面积和停耕面积的比例,并据此对农场主因停耕造成的损失给予补贴,补贴标准取决对来年市场供求关系的估计,补贴数额与供求关系成反比,财政补贴全部由联邦财政负担。

2. 从财政收入角度看

(1) 政府税收政策。美国非但没有专门针对农业课征的税种,而且联邦政府还为农业投资提供多种税收优惠,包括延期纳税、纳税减免和免税。

(2) 政府公债政策。由于美国的政治传统,地方政府受美国联邦政府的干预较少。地方财政独立于中央财政,中央预算和地方预算独立编制,州和地方政府债券突出表现为市政债券,可以分为一般责任债券(税收支持债券)和收入债券,是由州和地方政府为筹措学校、道路和其他大项目的开支而发行的长期债务工具,有时也是为了满足日常预算的需要。其中,州和地方政府债券有较大部分用于改善和支持农村经济与农业发展的公共基础设置、教育等公共事业上。

美国农村金融合作组织运行

联邦土地银行系统
- 实施股权所有制,归全体合作社所有;
- 资金主要运用于本地区的农场和农业生产者以及与农业相关的借款人提供长期不动产抵押;
- 提供略低于其他银行的农贷利率,借款人可以在浮动利率和浮动利率间选择;
- 政府对土地银行和协会除自身所有不动产需纳税外,免征一切其他税收。

联邦中西信贷银行系统
- 股权资本由政府提供,下属生产信贷合作社;
- 实施股权所有制,借款人必须有5%—10%的合作社股金或参与权利证;
- 主要扮演"农业贷款"的批发机构,不直接对农场主贷款,也不直接经营一般银行业务;
- 负责对农业生产会员发放中、短期生产贷款并承担风险。

农村合作银行系统
- 中央合作银行的主要任务是向各农贷区提供资金、办理清算;
- 参与合作银行的大额贷款或独家为业务范围超过一个信用区以上的大合作社提供设备贷款、营运资金贷款和商品贷款等业务;
- 对农业合作社添加设备、补充运营资金、购入商品提供贷款和咨询。

图2-3 美国农村合作信贷组织运行体系

(二) 农业信贷资金投入

在法律保护和政策引导下，美国建立了以农业信贷为主要内容，以合作金融为主体，以政策性金融为保障，以商业金融为补充，与美国农业资本投入运行相适应的农村信贷运行体系。构造了以政府协调为主导，市场协调为基础，政府、企业和民间相互配合，多种协调手段综合运用，不同协调主体分工明确，功能完善、行为规范的农业信贷资金投入运行体系。

1. 美国农村合作金融体系。

依据美国有关农业信贷的法律规定，相继在全美12个农业信贷区依法成立了支持和保护农业生产和农民利益的三家合作性质的政策性银行，即联邦土地银行、联邦中期信贷银行与合作银行。这三家农业合作性质的银行接受美国农业信贷管理局领导、监督和管理，政策的制定机构是联邦农业信贷委员会。并最终形成了监管机构、行业自律协会、资金融通清算中心和互助保险集团构成的，目标一致、职能各异、相互独立、协调互助的农村合作金融组织运行体系。

2. 美国农村政策性金融体系。

依据美国《农业法》规定，美国农村政策性金融机构主要包括农民家计局、商品信贷公司于农村电气化管理局、中小企业管理局等机构。第一，农民家计局。美国农民家计局由美国农业部管辖，是美国政府办理农业政策性信贷的主要金融机构，主要作用在于支持创业的农民以及低收入农民家庭建立农场、维持家计等融通资金。最近，其功能主要转向支持农业生产，促进农村开发，配合政府农业政策的贯彻落实。它不以盈利为目的，具有更强的政策性特征，只有在借款人无法从商业银行获得贷款时，农民家计局才给予支持，因而成为美国落实农业政策的重要工具。农民家计局的资金运用分为直接贷款和紧急贷款两种。其中，直接贷款包括农场所有权贷款、经营支持贷款等。紧急贷款主要为弥补自然灾害损失发放的紧急贷款。此外，农民家计局还对商业银行和其他金融机构向农民贷款提供担保，并补贴由此而产生的利差。第二，商品信贷公司。商品信贷公司的主要任务是管理实施价格和收入支持计划，进行价格支持，对农产品的销售和生产实施政府干预和调剂。随后划归美国农业部，并接着成为美国联邦政府的直属机构。资金运用主要表现为提供贷款和补贴，对借款人的基本要求是遵守农业部休耕计划和分配面积的农业生产者。第三，农村电气化管理局和中小企业局。其主要任务是对农村电业合作社和农场借款人发放贷款，用于架设电线，组织农村电网，购置发电设备，发展通信设施，提高农村电气化水平。

二 欧洲国家农业资金投入典型经验借鉴

欧洲拥有发达的农业经济、众多发达的农业经济国家以及完善的农业资本投入运行体系，其中，以法国最为典型。法国是经济强国，也是农业发达国家，农业人口占全国就业人口比重的3.6%，法国农业产值约占国内生产总值的3.9%，这与法国高度重视农业资本投入运行体系与模式建设密不可分。

（一）农业财政资金投入

法国农业生产一直得到欧盟及本国的公共财政支持，可以说，法国农业发展到今天的程度，公共财政支持起到了很大的作用。每年法国均会大量地对农业经营进行财政支持，财政支持的覆盖范围包括农业生产、农村社会保障与互助、教育与科研、农业食品加工、林业以及农业生产的其他服务。

1. 财政农业投资。

法国政府财政农业投资从最初的大量投入过渡到依靠提高财政农业投资效率阶段，经验很成功。法国政府财政对农业投资主要有两个方面：一是农业基础设施建设和农村地区开发。法国政府支持农业基础设施建设主要包括水利工程和土壤改良、道路建设、生活供水、农村用电、农村地区的大型整治等。在水利和土壤改良方面，政府正式通过法令，成立各种专业化的公私合营公司来承担农业水利和土壤改良工程，由政府统筹管理。二是促进土地集中和规模化经营。政府通过财政支持建立"土地调整公司"，收购土地，然后再把土地出售或租赁给大农场主。土地调整公司是一种非常特殊的组织，是一种不以盈利为目的、由政府委派代表进行监督的股份有限公司，由各有关涉农部门与机构为其筹措资本金，其活动经费则依靠财政拨款支撑。土地调整公司极大地推动了土地的集中，加快了法国农业生产条件现代化的进程。此外，法国政府财政还大力投资发展农业科研教育和技术推广、农产品销售合作社等项目，有力地推进了农业专业化和一体化发展，并且通过投资治理生活环境和自然生态环境，保证了农业资源的可持续利用。

2. 财政农业补贴。

农业补贴政策是法国农业政策的中心。自20世纪60年代以来，法国的农业补贴政策经过了按产品价格补贴、按生产规模直接补贴和按环境、农村发展、农产品质量及动物生存条件直接补贴的演变过程。目前，法国的农业补贴可分为公共财政补贴、税收和社会分摊金减免、农业贴息贷款三类。尽管法国是欧盟农业补贴的最大受益国，农业收入三分之一以上来自欧盟的补贴，但是，法国政府也列出巨额预算补贴农业和农村发展。

3. 财政农业转移支付。

一般而言，中央财政对地方的转移支付分为四种方式，一般性补助，即按各市镇的人口、税收多少等因素来确定；专项补助金，即对地方兴修的专项工程给予的补助（如市镇修建学校）；中央用退税的方式来支持一些地区和产业的发展；由中央财政代替某些无纳税能力的企业或自然人向地方交税来实现的。

（二）农业信贷资金投入

法国农村信贷是在政府扶持下，在民间信用合作组织基础上，经过一个多世纪的发展，形成了由法国农业信贷银行、互助信贷银行、大众银行和法国土地信贷隐含组成的农村信贷体系。法国农村金融是典型的国家控制式金融，是在政府主导模式下建立并运行的，受政府的监管和控制。法国最大的农村金融机构农业信贷银行就是一个半官半民的金融组织，其体系是由地方农业信贷互助银行、地区（省）农业信贷互助银行和中央农业信贷银行（法国国家农业信贷银行总行）三个层次组成。该体系是在民间信用合作组织基础上由上而下逐步建立起来的。中央农业信贷银行是会计独立的官方金融机构，是法国信贷银行的法人总代表，也是全国农业信贷互助银行的最高管理机关。而地方和省级银行都是群众性的合作组织，地方农业互助银行由个人成员和集体成员入股组成，地区（省）农业信贷互助银行则是由若干地方农业信贷互助银行组成，它们都要受中央农业信贷银行的领导。这种体制的优点是便于管理，合作金融机构的业务与国家政策结合的很紧，甚至可以说是为政府政策服务的。凡符合国家政策和国家发展规划的项目，都优先给予支持甚至贴息。其缺点是各级信贷互助银行独立性较小，受政府干预大，经营效益较差，国家财政补贴较大。总之，中央集权与地方分权相结合的模式是法国农村信贷体系的最突出特征。此外，法国中小企业设备信贷银行也值得重视。总部设在巴黎，并在全国各地设立分支机构的中小企业设备信贷银行，是专门为中小企业提供专项资金的政策性银行，在法国农村企业发展过程中扮演越来越重要的角色,它的主要职能是为中小企业提供设备所需专项资金、补贴贷款、再投资贷款等政策性中长期优惠性贷款。此外,政府还可以为提供预付款项提供担保,并为广大中小企业提供信息和专家咨询服务。

三 亚洲国家农业资金投入典型经验借鉴

与美洲、欧洲相比,亚洲国家普遍属于农业经济发展较为落后的国家或地区,但普遍更为重视农业生产,实施了积极的农业财政、金融政策,给予农业生产以支持与保护。其中,韩国的农业资本投入运行体系在促进农业与农村经济发展方面较为典型。

（一）农业财政资金投入

注重农业基础设施建设是新兴市场经济国家城乡协调发展过程中的基本经验。他们普遍认识到农业基础设施是搞好农业的基本条件,也是农业发展的关键环节,应由国家负责建立,因此,各国政府普遍十分重视财政对农村和农业经济的投资。具体而言包括：

1. 农业基础设施,包括供应生产资料的产前环节,生产农业初级产品的农业产中环节以及产后环节的基础设施。

具体表现为生产资料的基础设施,如农田、畜禽舍、鱼池等。生产条件性的基础设施,如农田排灌系统、鱼池给排水系统等。生产工具性的基础设施,如大型农田耕作机械、畜牧机械等。加速农产品流通的农业产后环节的基础设施包括如仓储运输设施、农产品加工设施等。农业基础设施的财政投资是政府财政农业投资的主体。

2. 农业科研、教育和推广体系建设。

新兴市场经济国家农业的发展,得益于科学技术的进步。各国政府特别重视农业科学技术研究和教育,国家和地方都建有农业科学研究机构,主要是帮助农场主和农业综合企业进行基础科学研究,许多省都拥有十分精良的农业教育设施。在财政预算上,国家和地方每年安排有专项资金,支持的项目非常广泛,包括农业发展的战略研究、生物技术研究、种子繁育、园艺技术、畜牧兽医、植物诊断、食品检疫、草原农业机械、农产品加工、储藏技术、环境保护和计算机应用等。而且农业科研人员的工资和经费都有保障。为提高农业产品质量标准,检疫工作由农业部高度集中统一管理。此外,各国政府还鼓励和资助私营的农业科研和新技术推广机构。

3. 提供市场信息服务。

各国政府为农民提供的农产品供求状况、价格行情及预测等信息是免费的,包括通过合作社组织为农民提供市场信息、销售及技术服务等。

4. 扶持农业合作组织的发展。

各国政府对服务于农民的合作社,给予较高的投资补贴,并免交利润税、营业税和地产税。

此外,韩国政府的财政转移支付通过借鉴发达国家的经验,财政转移支付基本包括三种,即专项补助、收入分享和总额拨款。专项补助又称项目拨款,一般集中用于教育、卫生、环保、交通等公共服务。在财政转移支付促进教育发展方面,成绩突出。韩国政府财政补贴遵循"集中力量办大事"的原则,将有限的资源投入到最需要的地方,使财政补贴资金得到高效利用。各国政府对农村的财政补贴范围广泛,不仅在基础设施、农业生产上提供经济支持,而且在教育、培训、医疗、养老等社会生活各方面给农民以财政补贴,使农村在经济发展的同时建立了完善的社会保障体系,并与城市融为一体。

(二)农业信贷资金投入

亚洲广大发展中国家均建立了较为完备的农村金融组织体系,农村金融组织体系对于促进农业信贷资本投入发挥了重要作用。在韩国,为了调配和提供农业开发所需资金,农协开设了中央会的银行业务、信托业务、国际金融以及以农民组合成员为对象的相互金融业务,为经营规模小的农民提供的信用保证业务等。

1. 中央会银行。

调配农业开发资金财源,为城市居民提供生活用资金。农协通过银行设备的现代化,改善窗口服务,开发金融新商品等扩大业务范围。

2. 相互金融。

自1969年开始,旨在为农民提供农业生产及日常所需资金为目的而开展的相互金融业务,为农协在初创时期奠定自立的基础作出了贡献。

3. 信托证券。

通过开展信托证券业务,提高农民收入,并将信托事业资金及其他事业资金,灵活用于各种有价证券,开展高效金融商品的交易,以扩大经营范围,确保储蓄的竞争能力。

4. 国际金融。

随着对外经济活动的频繁和国外金融业的接轨,对国际金融的需求量也有所增加。农协为适应国际金融专业的发展需求,通过引进先进的金融管理方法，培养专业人才，加强国际金融业务。其中，农协中央会、基层农协金融机构占农村金融机构总数的25%，而拥有的资金额高达73%，成为农村金融业的主体。包括市、郡支部在内的农协中央会的金融机构与一般银行不同，从非农部门和非组合成员中，集聚资金，贷给农业部门及农民，而基层农协是根据互助原则，从协同组合成员中集聚资金，贷给组合成员。

近年来，随着韩国农村经济发展与农村金融体系服务水平的提升，基层农协的金融业发展迅速，平均每个农协的成员数、出资额、互助金融储蓄额以及贷款额均大幅增长。在农协金融业中，基层农协的互助金融业发展最快，所占比重最大，在农业金融业中的作用也最大，通过基层组合和支会、市、郡支部开展储蓄或贷款业务，主要是贷给农民用于提高农业生产水平和改善家庭生活。韩国互助金融业发展迅速，其三个特点是：第一，凡组合成员，谁都可以加入金融组织借贷使用资金，而非组合会员利用资金不得超出每年利用资金总额的1/3。第二，助金融受政府保护，比一般银行的储蓄年息高2%—3%，享受政府的优惠政策。第三，互助金融的一切业务要通过中央联合组合组织农协中央会的互助金融特别会计开展，道支会和室、郡支部起中介作用。

第五节　本章小结

本章将研究的重点集中在农业资本投入国内外研究现状、典型理论借鉴与国内外典型实践经验借鉴方面。从国内外研究现状看，农业经济在世界包括发达国家与广大发展中国家中均扮演重要角色，因此关于农业经济增长问题的研究广泛而深刻。然而，所有与农业经济增长理论研究的文献均无法回避对农业资本投入问题研究。发达国家、尤其是广大发展中国家普遍面临的事实是农业资本投入核算数据资料匮乏。因此，转而对农业资本投入进行估算就成为一个必然的选择。从国外研究看，更多地研究集中对国家资本投入总量的估算上，分行业包括工业、农业、服务业资本投入的系统估算逐渐成为研究的热点问题。在我国，资本投入估算尤其是分产业估算包括农业资本投入估算的研究更缺乏。在研究方法上，更多地集中在定性分析上，通过农业资本估算、进而综合采用现代计量经济分析方法对农业资本投入效率、区域差异、运行机制进行系统探索研究成果并不多见，因而也就无法形成较为系统的分析并获得经验数据的有力支撑。从实践角度看，农业资本投入促进农业经济增长与城乡统筹发展，缓解"三农"问题给宏观经济发展带来的压力问题已经越来越显得紧急而迫切。显然，系统分析农业资本投入运行效率并构建基于效率改进的农业资本投入机制的基础工作，需要对农业资本投入实施数量上的估算，包括全国及省际的农业资本投入量，这直接构成本书第三章的工作内容。

第三章 农业资本投入：原理、方法与估算结果

农业资本投入研究构成农业经济增长分析的前提与基础。一般而言，在经济增长理论分析框架内十分关心反映即时生产能力的资本投入量，然而资本投入量或资本的即时生产能力严格依赖于生产函数形势设定与生产函数的特定组合（Chow，2002；Kui-Wai Li，2003，肖红叶，2004等），使得资本投入量在现实中采用相关变量予以替代的做法被普遍运用。鉴于不同的估算方法对农业资本投入估算结果具有重要影响，且该问题在前期相关文献中并没有得到深入阐释，因此，本章将研究重点放在农业资本投入估算方法、典型估算结果比较以及农业资本投入的估算上。通过对农业资本投入进行细致而审慎的估算，得到我国农业资本投入总量以及分省农业资本投入的估算结果，从而为后文进行实证研究奠定基础。

第一节 引言

中国是一个农业大国，农业人口众多、农业发展水平落后是我国农业的基本特征，缓解"三农"问题对统筹城乡发展的制约，必然要求从战略高度深刻认识"三农"问题，把保持农业经济又好又快发展作为社会的基本优先目标。鉴于农业资本投入对于政策主导的长期农业经济发展战略和短期经济稳定措施是否有效，以及总量间关系的研究具有重要意义，近年来，国内外越来越重视农业资本投入促进农业经济增长的作用机理（Carsten A. Holz，2006）。其中，农业资本投入 K 的测算则成为研究农业增长问题的关键之一。由于相关历史统计数据不完整、覆盖范围不广等原因，各国的资产统计数据尤其是早期数据往往难以满足估算的要求，"资本时间序列是一个很使人头疼的模糊量……人们所要测得的最理想的当然

是弄清每年资本使用的流通量,然而这毕竟只是一种理想而非现实。因此,人们不得不转而满足于一种不那么理想但比较现实的办法,那就是对现有的资本投入作出估计(Solow,1957)"。综观已有文献,农业资本投入的估算一直隐含在国家资本投入总量的估算中,鲜有分产业进行的估算,且已有的估算主要体现在工业领域,专门对农业资本投入 K 进行估算的文献更少,且估算结果也存在显著差异。显然,"对农业资本投入 K 估算结果的不准确性必然会影响到后续研究的可靠性(张军、章元,2003)"。理论上估算的滞后以及估算结果的显著差异实际暗含着农业资本投入估算工作需要进一步探索的推论。

第二节 资本投入估算的基本原理与方法

资本投入理论研究一直是经济研究中最为活跃、争议最多的领域之一。由于资本投入自从罗宾逊(1954)最早提出资本测量的"维克赛效应"(Wicksell Effect)难题以来,关于资本可测性的争论自从 20 世纪 50 年代以来一直是剑桥等学派的重要议题。关于资本投入的核算研究,基本上围绕两个层面展开:一是资本投入的理论研究,二是资本投入的估算方法设计。本节将研究重点放在典型估计方法评述上。

一 资本投入估算方法:初期阶段

(一)罗宾逊(Robinson)的资本投入测算

为了避免资本计量的"维克赛效应"(Wicksell Effect)或"李嘉图难题",罗宾逊通过将资本品所投入的劳动量根据生产的时间模型按照现行的利息率进行复利计算,试图在真实资本的基础上建立以人均资本量表示的人均产出"伪生产函数"(Pseudo Production Founction):假设 t 为资本品的使用周期,L_g 是 t 时期为生产资本品投入的劳动,W 为实际工资率,K_L 为用劳动时间表示的资本量,L_C 为消费品投入的劳动量,Q 为消费量,则资本量为:$K_L = L_g(1+r)^t$。根据这一资本量可以建立消费量公式:$Q = W \times L_C + r \times W \times K_L$,或 $Q/L_C = W + r \times W \times (K_L/L_C)$。罗宾逊的伪生产函数将工资与利息率视为变量,这与新古典生产函数将工资与利息率视为内生变量、试图通过求解生产函数的导数值来决定分配问题有显著的不同。然而,罗宾逊的估算方法毕竟是属于开拓性、高度概括性的。

（二）索罗（R. Solow）的资本投入测算

索罗的新古典经济增长理论特别强调资本的作用，并认为经济增长由有效率的人均资本投入量（capital stock per effective worker）的增长产生，有效率的人均资本投入量会出现稳态（steady state），此时，只要储蓄率不变，有效率的人均产出就会固定下来不再变化。其生产函数表达式为：$Y_t = F[K_t, E_tL_t]$，其中，E_t 表示劳动力的生产效率，$k = K/EL$，表示有效率的劳动力人均资本投入量。索罗认为，资本投入的变化主要由新增资本投入和资本折旧构成，资本投入量恒等于产出减消费，或储蓄率（s）与产出的乘积，因此索罗资本度量模型可以表示为：$\dot{K}_t = s \times Y_t - \delta K_t$，其中，$\dot{K}_t = dK_t/d_t$ 表示资本变化，δ 表示资本折旧率。同时，索罗也认识到人们所要弄清楚每年资本使用的流量是不现实的，一种比较可行的办法就是转而对现有的资本商品投入作出估计。索罗对土地与资本品的资本投入价格变动与重估价等问题都作出了尝试性与开拓性的分析，为后续研究提供了宝贵的经验借鉴。

（三）丹尼森（Denison. E. F）的资本投入度量

丹尼森因对生产率估算的出色研究而备受关注。与索罗相同，丹尼森也沿用了"索罗余值法"（Solow Complementary Method），但估计更为谨慎、细致。他将资本投入进一步细化为住宅建筑与住宅用地、非住宅建筑和设备、非住宅土地以及存货4类。对非住宅建筑和设备，根据对总资本投入量的估价进行度量。同时，他还谨慎地区分了总资本投入量和净资本投入量，并指出资本品对生产的贡献随资本品的使用效率下降而下降，但其下降速度远远低于净资本品的下降速度。因此，他假定非住宅土地测算期内保持不变，存货是用不变价格计算的不同年代存货价值变动序列。为了充分考虑折旧的影响，在估算资本投入量时，他采用了总资本量（代替资本投入）和净资本量两种不同形式的算术平均表示，资本消耗的处理技术则运用直线折旧法进行。丹尼森的分析方法在一定程度克服了因采用生产函数法估算资本投入所带来的循环估算问题，但该方法对相关行业资本数据质量要求较高，这在统计核算体系普遍欠完善的广大发展中国家是非常艰难的。

二 戈德史密斯的资本投入估算：方法

戈德史密斯开创性地提出了基于耐用品生产模型（Durable Goods Production Model）的永续盘存理论及核算方法，首次明确了资本投入核算的四个基本步骤,即确定基期资本投入量、确定可比价格投资数列、设置资本重置率、运用 PIA 方法估算资本投入序列。永续盘存法(PIA)的理论依据是耐用品生产模型。在耐用品生产模型中,资本品的相对效率 $d(\tau)$ 由其役龄 τ 决定,非负序列 $\{d(\tau)\}$ 描述了不同役龄资本品的相对效率(Comparatively Efficiency):新资本品的相对效率为 1,且随着使用年限的增加满足 $[d(\tau)]' < 0$;当该资本品退役时,相对效率满足 $d(\tau) = 0$。上述假设表示为:

$$d(0) = 1, d(\tau) - d(\tau - 1) \leq 0, \lim_{\tau \to \infty} d(\tau) = 0, \tau = 0, 1, 2, \cdots \quad (3.1)$$

由于 $d(\tau)$ 随役龄增加而递减,若要保持原有的资本品效率,必须进行重置投资。假设一项投资在役龄为 τ 时要重置的比例为 $m(\tau)$,$m(\tau)$ 等于从役龄 $\tau-1$ 到役龄 τ 间效率的减少量,即:$m(\tau) = d(\tau-1) - d(\tau) = -[d(\tau) - d(\tau-1)]$,其中,$\tau = 1, 2, \cdots, L$,$L$ 表示该资本品的使用寿命。$m(\tau)_i$ 即被定义为死亡率,由于资本品的相对效率是递减的,因此死亡率是非负的,即 $m(\tau)_i \geq 0$,且 $\sum m(\tau) = 1$ 恒等于 1。基于上述分析,每一期期末的资本投入 $K(t)$ 便可以表示为过去的投资与不同役龄的资本品的相对效率序列 $\{d(\tau)\}$ 的加权之和,即:

$$K(t) = \sum_{\tau=1}^{\infty} d(\tau) I(t-\tau) \quad (3.2)$$

式(3.2)中,$I(t-\tau)$ 为 $t-\tau$ 期的投资额。若将重置需求定义为为了保持资本投入生产能力不变所需的投资水平,对相邻两期资本投入进行一阶差分,得到:

$$K(t) - K(t-1) = I(t) + \sum_{\tau=1}^{\infty} [d(\tau) - d(\tau-1)] I(t-\tau)$$

$$= I(t) - \sum_{\tau=1}^{\infty} m(\tau) I(t-\tau)$$

$$= I(t) - R(t) \quad R(t) = \sum_{\tau=1}^{\infty} m(\tau) I(t-\tau) \quad (3.3)$$

式(3.3)中,$R(t)$ 为重置投资。重置需求也可以用购置之后 τ 时期需要重置的初始投资比率表示,这个比例包括因初始因资本投入的效率下降产生的重置需求,以及每一次后续重置的所有重置,成为不同役龄资本品的重置率 $\delta(\tau)$。重置率序列可以利用以下的更新死亡率序列递归计算:

$$\delta(\tau) = m(1)\delta(\tau-1) + m(2)\delta(\tau-2) + \cdots + m(\tau)\delta(0) \quad (\tau = 0, 1, 2, \cdots)$$
$$(3.4)$$

重置序列 $\{\delta(\tau)\}$ 称为重置分布，利用重置分布，我们可以用过去资本投入的变化来表示重置需求。因此，重置需求也可以表示为：

$$R(t) = \sum_{\tau=1}^{\infty} \delta(t) \cdot [K(t-\tau) - K(t-\tau-1)] \quad (3.5)$$

依据乔根森（Jorgenson）在引入资本品租赁市场假设下建立起来的租赁价格模型，在竞争均衡条件下，资本品的当期购置价格等于它未来所有的期望租赁收入的折现和，各年的租赁收入由于相对效率的递减和资本品的退役，是新资本品租赁价格的加权，权数与资本投入估算中的权数相同：

$$q(t) = \sum_{\tau=1}^{\infty} d(\tau) \prod_{s=1}^{\tau+1} \frac{1}{1+r_s} p(t+\tau+1)$$ $q(t)$ 为 t 期的资本购置价格，$p(t)$ 为 t 期的新资本品租赁价格，而 $\prod_{s=1}^{\tau+1} \frac{1}{1+r_s}$ 为相应的 $\tau+1$ 年的折现因子。对上式进行差分，可以得到：

$$q(t) - (1+r)q(t-1) = -p(t) - \sum_{\tau=1}^{\infty} [d(\tau) - d(\tau-1)] \prod_{s=1}^{\tau} \frac{1}{1+r_s} P(t+\tau) = -p(t) + P_{D,t} \quad (3.6)$$

将死亡率引入上式容易推导出：

$$P_{D,t} = \sum_{\tau=1}^{\infty} m(\tau) \prod_{s=1}^{\tau} \frac{1}{1+r_s} P(t+\tau) = \sum_{\tau=1}^{\infty} \delta(\tau)[q(t+\tau) - q(t+\tau-1)] \quad (3.7)$$

其中，$P_{D,t}$ 表示折旧，$\delta(\tau)$ 表示折旧率。此时，如果假定资本品符合几何递减效率假定，则 $d(\tau) = (1-\delta)^{\tau}$，$(1-\tau)$ 表示递减比率。给定名义收益率 r，我们很容易证明 $P_{D,t} = \delta q(t)$ 和 $R(t) = \delta K(t)$。折旧率和重置率相等，资本投入的公式自然可以推导出：

$$K(t) = K(t-1)(1-\delta) + I(t) \quad (3.8)$$

上式即为戈德史密斯 PIA 方法估算资本投入的标准公式，其优点在于投资和价格变动的可靠数据较容易得到，难点在于确定资本投入量初始值以及资产服务寿命确定较困难。关于资本投入量的初始值，一些学者（Chow G. C., 1993、2002; Holtz. G. C., 2006）认为，随着时间的推移，其准确性对资本投入估计的影响将减弱。关于资产服务寿命，一般可以采取通过政府规定的计算可列入成本的折旧年限、公司账目中购置价格记录的投资和物质资本投入原值、大规模资产普查估计等方法进行估算，但其准确性仍旧有待于进一步改善和提高。

三 乔根森的资本投入度量：拓展的 PIA 方法

乔根森（1969、1987）根据最优资本积累假设推导出投资行为模型，并提出资本租赁价格与度量方法，由此建立起资本投入数量—价格对偶的统一分析框架，从而形成了建立在资本存量和资本租赁价格基础上的资本投入度量方法，即拓展 PIA 方法。在拓展的 PIA 方法中，乔根森在严格区分了资本存量与资本投入量并重新定义了资本投入，即由数量指数（资本投入）和价格指数（资本租赁价格）构成。资本存量采用永续盘存法进行估算，资本投入量和资本存量成正比，比例系数即为资本投入质量指数 $Q_K^i(t)$。具体步骤如下：

（1）估计资本投入。依据 PIA 原理，采取将资本总量分为设备和建筑两大类的两分法，考虑到投资的时间特征，运用相对效率序列即根据不同役龄资产的购置价格估计对已发生的投资进行加权并求和，从而得到总资本投入。

（2）确定资本租赁价格。在相对效率几何递减模式下，资本租赁价格为：

$$P_K(t) = P_I(t-1)r(t) + \delta P_I(t) - [P_I(t) - P_I(t-1)] \qquad (3.9)$$

其中，$P_K(t)$ 是资本租赁价格，$P_I(t)$ 是资本品获得价格，$r(t)$ 是资本报酬率。在财产报酬和折旧 δ 已知时，可以获得资本报酬率 $r(t)$：

$$r(t) = \frac{P_K(t)K(t-1) - \{P_K(t) - [P_I(t) - P_I(t-1)]\}K(t-1)}{P_I(t-1)K(t-1)}$$

$$(3.10)$$

其中，$P_K(t)K(t-1)$ 就是财产报酬。将 $r(t)$ 带入到上式，容易得到资本租赁价格 $P_K(t)$。

（3）构造资本投入指数。假定存在 i 个产业部门（$i = 1, 2, 3, \cdots$）且 i 部门的资本投入为 $\{K_i\}$，表示为各类资本投入分量 $\{K_{ki}\}$ 的超对数函数，其中 k 表示资本投入的种类。则 i 部门资本投入指数是各类资本投入的超越对数数量指数：

$$\ln K_i(t) - \ln K_i(t-1) = \sum_k \bar{v}_{Kk}^i [\ln K_{ki}(t) - \ln K_{ki}(t-1)] (i = 1,2,3,\cdots, n) \qquad (3.11)$$

式（3.11）中，$\bar{v}_{Kk}^i$ 表示权数，通过测算各类部门资本财产报酬价值分量的平均份额获得，而价格份额由各类资本的投入和资本服务租赁价格数据计算得到：

$$\overline{v}^i_{Kk} = [\overline{v}^i_{Kk}(t) - \overline{v}^i_{Kk}(t-1)]/2, 且 \overline{v}^i_{Kk} = P^i_{Kk}K_{ki}/\sum_k P^i_{Kk}K_{ki} \qquad (3.12)$$

应该看到，拓展 PIA 方法开创性的成功区分了资本投入和资本存量之间的区别，与索罗、丹尼森等人的研究不同，乔根森假设资本投入量在部门之间进行并且较为全面地估计了运用资本存量代替资本投入可能形成的误差，尽管从估算结果更为精确，但资本租赁价格的估算本身就是一个难题，从而实施分产业估算就更为困难。

四 资本投入估算：一些新的进展

钱纳里（Chenery）等人在经济增长理论分析中引入了"非均衡增长"（Unbalanced Growth）概念，并且以投资产出比 I/Y 代替索罗模型的资本投入量增长率 G_K。非均衡增长是一种包含了结构变量的次优增长，比新古典经济模型更加适合发展中国家的经济增长研究。该研究方法提供了一种新的资本投入估算思路。另外一些学者沿着瓦尔拉斯—希克斯递归分析（Walrasian – Hicks recursive analysis）的研究思路，发展出一种资本投入测算新方法：假设厂商投入两种要素即劳动和资本进行生产，首先购买，然后生产，且在生产的末期卖掉剩余的所有资本品。此时，厂商的生产目标即可以转化为在既定的生产函数约束下追求利润最大化的生产行为：

$$\text{Max} \prod(t) = \frac{P_Q(t)Q(t) + P_I(t+1,1)d(1)I(t)}{1+r}$$
$$- P_L(t)L(t) - P_I(t+1,0)I(t) \qquad (3.13)$$

可以证明，该方法对资本投入数量的估算和乔根森估算法是一致的。但上述估算方法一个问题就是估算的程序过于复杂，不容易操作。OECD 为此推荐了一种相对简单的算法，其基本思路是：从最终产品价值核算出发，将增加值作为产出，在生产者均衡的条件下，增加值主要由劳动和资本报酬构成，其中资本报酬等于资本收益率与资本投入量之积。无论资本市场物质形态差异有多大，依据完全竞争市场理论的基本假定，所有资本的收益率均相等。据此，将增加值 V 分解为劳动报酬和资本报酬，同时假定资本品服务价格为 $[(1/n_i) + r_i]$。表示为：

$$V = \sum_{i=1}^{k} K'_i \left[\frac{1}{n_i} + r_i\right] + L\overline{W} \qquad (3.14)$$

其中，$i = 1, 2, \cdots, k$ 表示资本投入类型，K'_i 表示第 i 种资本的实际配置成本，n_i 表示第 i 种资本的平均预期残余寿命，r_i 表示占用第 i 种资本所支付的利息，$\overline{W}$ 为平均工资率。$1/n_i$ 为平均线性折旧率。该方法尽管在理论上不很严密，但由于产出和投入可以独立决定，因此在操作过程中较为容易。此外，需要指出的是该方法对统计数据的质量同样很高。

在我国，如何估算农业本投入问题一直是个难题。受统计数据的制约，现有资本投入的估算方法一般是采用各种假设和变量予以替代。概括起来可以分为三类：第一类基于戈德史密斯的 PIA 法，用资本存量代替资本投入，并且在实际运用中对变量进行变化和扩展，该方法操作性强，应用范围广（张军扩，1991；贺菊煌，1992a；Chow，1993；王小鲁，2000；张军、施少华，2000；李治国、唐国兴，2003；何枫等，2003；张军、章元，2003；张军、吴桂英等，2004；徐现祥、舒元，2007）。第二类基于乔根森拓展的 PIA 法，受我国数据统计数据的制约，该方法应用较少（李京文，1993a、1998b；黄勇峰等，2002），该方法运用在农业资本投入估算上尚未出现。第三类基于特定分析目的的特定研究方法，该方法的应用更少（樊纲、姚枝仲，2002 等）。

第三节 典型农业资本投入估算结果评价

应该指出的是，已有关于资本投入估算的文献中，更多地体现在总量的估算上，较少有分产业的估算文献，而农业估算文献更少。关于农业资本投入的估算结果，较早出现在 Tang（1981）的研究中，他认为 1952 年中国农业资本投入为 129.9 亿元。随后，邹至庄（Chow，1993）对 Tang 的估算结果提出了质疑，并较为详尽地阐述了估计的思路与过程。最后的研究结果显示：1952 年农业的资本投入为 450 亿元。显而易见，二者的估计结果差异非常大。对于 Chow 这一估计结果，张军等（2003）等则认为估计明显偏高：以农业为主体的第一产业 1952 年的 GDP 占全国 GDP 比重的 50.5%，如果考虑到 50 年代初政府对农产品价格的控制，那么第一产业对 GDP 的贡献可能超过这一比重。而新中国成立初期农业的状况为绝大多数农业属于劳动密集型，生产方式接近手工劳作，自然很少有大型的固定资产可供使用。遗憾的是，张军等人并没有就农业资本投入给出具体的估算过程与估算结果。郭剑雄、王学真（2002）认为 1978 年我国农业资本投入量相对比重为 9.4%，是制造业资本投入量比重的 1/6，到 1990 年，农业资本投入量比重下降为 4.9%，仅为制造业的 1/12。该研究结论在张金营（2003）的研究结论中进一步证实：他们利用国家统计局《中国国内生产总值核算资料（1952—1995）》及《中国统计年鉴》对分产业的固定资本投入量进行估计，通过对估计结果进行比较，农业资本投入量所占比例趋于下降。东朝晖（2004）则假设部门间折旧率相同、部门间折旧额之比等于固定资本投入量之比，这样由中国投入产出表可计算出农业部门资本在总资本中所占比例，并认为这一比例围绕5.7%上下波动，进而估算出农业资本投入量。此外，郭玉清（2006）运用PIA法测算了农业的资本投入量，徐现祥、舒元（2007）等依据《中国国内生产总值核算资料》对分省农业资本投入量进行了尝试性估算，见表3－1。

表3－1　　　　典型年度农业资本投入估算结果比较　　　　单位：亿元

研究者 年度	Tang （1981）	Chow （1993）	张军等 （2003）	郭玉清 （2006）	徐现祥 （2006）
1952	112.9	450	小于450		
1957	130.85	509.1			
1978		1457.9			1221.9
1980	318.3	1615.48		1194.0	1343.1
1985		2028.6		1454.4	1528.3
1990				1656.4	1746.3
2000				2621.6	2980.8
2002				3054.0	3417.4
2004				3658.4	

注：徐现祥等的估算结果是依据其分省估算加总而成的，其中海南、重庆和西藏的数据欠缺。张军等人的研究成果仅仅给出了初始年度的估算区间。

显然，上述估算结果存在较大差异。若考察我国1952年农业资本投入的估算，典型的研究诸如Tang和Chow的估算结果，相差2倍多，张军等仅仅给出了低于450亿元的估算区间。一个可能的解释是基于1952—1980年，我国年度投资数据以及固定资产投资价格指数等数据的严重匮乏，受估算经验与估算依据的影响，估算结果偏差较大。例如，在估算农业资本投入过程中，Chow就明确指出其数据主要来源于中国统计信息和服务中心所提供的未出版的官方数据（unpublished official data）。不难发现，1980年之后，估算差异明显缩小，这与我国统计制度的逐渐完善、统计数据比较完备、数据的可得性以及数据质量大大提高密切相关。但不容忽视的是估算结果仍存在显著差异，造成这种结果原因可能是与估计的数据来源、关键数据处理以及方法选择密切相关。

第四节 全国农业资本投入估算过程与结果

沿用较为成熟的 PIA 方法，在上述分析的基础上得到关于农业资本投入量的估算基本公式为：$K(t) = K(t-1)(1-\delta) + I(t)$。将该公式进一步变形，可以得到：$K(t) = K_{(t-1)} + I(t) - K_{(t-1)}\delta$。依据 PIA 测算的基本原理，若测算中国农业资本投入量，有 4 个关键：基年资本投入量的确定、固定资产投资价格指数 P 的确定、当年投资 I 的取舍以及折旧额或折旧率的确定。下面，本节分别进行讨论并给出我们的估算方法和结果。

一 数据来源的简要说明

受统计数据的限制，已有估计农业资本投入的文献通常通过采取多个数据来源，或者是转而采取多种变量予以替代。显然，如果估算数据采取多种数据来源，一方面，需要将中国有关投资的数据进行大量细致而烦琐的分析和比较研究，小心的对待不同的数据来源中每一个统计指标所表示的范围和内容。（徐现祥、舒元，2007）另一方面，由于选取数据来源的渠道过于复杂，将直接降低农业资本投入估算的准确性和可信度。经过审慎的选择和比较，本章数据主要来源于《中国国内生产总值核算历史资料（1952—1995）》、《中国国内生产总值核算历史资料（1996—2002）》、《中国国内生产总值核算历史资料（1952—2004）》，2005—2006 年的相关数据主要来源于统计年鉴各年。经过细致的比较分析，将估算的基期定义为 1978 年，这主要是考虑数据的可得性，同时也是为了保持全国与省际在估计时间方面的一致性。

二 基年农业资本投入量的确定

在永续盘存的意义下，基期越早，基期资本投入量的估计误差对后续年份的影响越小。为了提供更为合理的农业资本投入估算数据，兼顾省际农业资本投入估算相关数据的可得性，我们最终将基年确定为 1978 年，并以 1978 年不变价进行测算。考虑到各省区分农业固定资本形成总额一般始于 1978 年，因此在估算全国农业资本投入量时，也选择 1978 年为初始之年，从而实现了全国与省际估算区间的一致性。全国与省际农业资本投入估算，首先在于确定初始资本投入量。关于估算的典型尝试性探索主要体现在 Tang（1981）、Chow（1993）、Chow & Li（2002）、Kui‐Wai Li（2003）、张军、章元（2003）、Chow（2006b）以及 Carsten A. Holz（2006）的研究中。由于研究假设、获取资料途径以及研究经验不同，农业初始资本投入估算存在较大差异。概括起来，对基期农业资本投入的估算主要沿着如下几种研究思路展开：一种先估算出全国基期的资本投入量，然后再将估算总量按一定比例分配到各个产业中去（Chow，1993；宋海岩，2003）。值得指出的是，Chow 对农业进行了估算，但如何分配到五个部门去的，文章交代并不清楚。

另一种是在确定折旧率的基础上，运用基期固定资本形成总额除以某一个数值（含折旧率）从而确定基期的资本投入，如 Hall & Jones（1999）运用 127 个国家的数据估计 1960 为基期的资本投入量时，所采用的公式为：$K_{1960} = I_{1960}/(0.06 + g_1)$。其中，$K_{1960}$ 表示基期（1960）的资本投入，I_{1960} 表示 1960 年的投资，0.06 为折旧率，g_1 为 1960—1970 年的投资几何平均增长率。

第三种是将典型城市的资本投入与全国进行类比，比如张军、章元（2003）在上海资本投入占全国资本投入比例与上海投资占全国总投资的比例和上海 GDP 占全国 GDP 的比例相当的假设下，对全国初始资本投入进行估算，遗憾的是对农业资本投入问题没有展开。

第四种做法是依据私人信息经验性研究，研究过程更为模糊（贺菊煌，1992；Chow，1993；唐志红，1999；王小鲁、樊纲，2000）。比如，王小鲁等称"根据反复推算将 1952 年全国资本投入设为 1600 亿元"。值得注意的是，上述研究多是围绕全国或工业资本投入展开，共同为农业资本投入的估算提供了经验借鉴。为了更加清晰地看出各研究之间存在的差异，处理成表 3-2。显而易见，上述估算结果间的差异非常大。经过反复比较，考虑对农业投资的分解比较困难，因此，本书采用 Young（2002）和张军（2004）的做法，即通过对农业固定资本形成总额除以 10%，作为农业资本投入的初始资本投入，为 1047.03 亿元，这一估算结果与 Chow 的估算扣除 450 亿元的土地资本后，基本相似。经过验证，这种设置还是非常合适的。此外，许多学者也已经指出，随着时间序列的延长，基年投入量的估算对后续各年的影响会随着年度的增加而加速衰减。

表3-2　　　　　　　　农业资本投入量初始值的比较　　　　　　　单位：亿元

研究者	徐现祥 (2006)	Chow (1993)	郭玉清 (2006)	Tang (1981)
估算年度	1978	1978	1980	1980
估计值	1222	1457.9	1194.0	318.3

三　投资序列的确定

在计算每年的新增资本时，大多数研究者（陈宽，1988；Jefferson，1992、1995、2001；大琢启二郎，2000）采取进行一定扣除的全社会固定资产投入数据（张军，2000），但扣除的理由均不相同。陈宽（1988）等是从总的固定资产中完全扣除职工住房投资，而 Jefferson（2001）等则用样本企业的"生产用资本"来替代总的固定资本。大琢启二郎（2000）等在估算中国国有企业的资本时，也完全剔除了固定资产投资中的住宅投资这一项。显然，他们都对固定资产投资进行了扣除。典型的研究比如王小鲁（2000）认为我国投资中存在相当大的浪费，直接采用固定资产投资将导致虚增的结果。1980年前，他们用当年全社会固定资产投资乘以固定资产投资交付使用率来计算当年的固定资本形成。1980年后则直接采用国家统计局公布的固定资产形成数据。Woo（1994）对陈宽等的研究结论提出了异议，他们认为要做剔除，也只能小心翼翼地做部分剔除，而不是完全予以剔除。Woo等人的实证研究结论有力支持了他们的结论：如果不剔除"非生产性"的劳动与资本投入，TFP增长率的估计值为统计意义上显著的-4%，若剔除了"非生产性"投入，TFP增长率的增长率为-2%，且统计上不显著。

另外一些学者（贺菊辉，1992；Chow，1993）则采用积累来表示新增资本，并采用"比例分配法"将总资本投入依次分配到各个部门中去，从而获得各个部门的资本投入，但比例的获得主要依据经验支持。张军等（2003）在细致比较了"积累额"、"生产性积累额"与"非生产性积累额"的前提下，认为用生产性积累额指标作为当年资本投入的增加比较合适，且可以有效地回避扣除与折旧问题。遗憾的是，1993年是我国统计核算体系发生转变的重要年度。即从1993年起，新的统计体系不再公布积累数据，直接导致用生产性积累额取代当年资本投入的做法无法实现。但同时，张军等也发现1993年后生产性积累的增速与全社会固定资产投资的增速是保持一致的。因此，众多的学者还是沿用了固定资本形成总额是衡量当年投资 I 的合理指标（徐现祥、舒元等，2007）。考虑的数据的可得性与一致性，本书也采用了固定资本形成总额是衡量当年农业投资的做法。

表 3-3　　　　　　　　　全国农业固定资本形成总额　　　　　　　单位：亿元

年份	估计值	年份	估计值	年份	估计值
1978	104.70	1988	243.05	1998	1469.61
1979	128.08	1989	237.70	1999	1463.06
1980	124.55	1990	297.61	2000	1559.14
1981	194.96	1991	339.80	2001	1549.12
1982	129.68	1992	363.27	2002	1819.57
1983	123.09	1993	477.68	2003	1306.16
1984	141.82	1994	902.43	2004	1596.57
1985	143.94	1995	1087.48	2005	1957.71
1986	167.87	1996	1192.25	2006	2488.71
1987	202.02	1997	1289.74		

四　投资缩减指数的构造

由于在估算过程中，统计资料中的固定资本形成 I 与折旧 D 的数据都是以当年价格计算的名义值，因此我们需要把它缩减为以基年不变价格核算的实际值，这就需要我们找到全国的价格缩减指数。在以往的研究中，在 1993 年中国的统计体系还没有改变之前，邹至庄（Chow，1993）利用统计年鉴公布过的积累指数计算出了积累隐含缩减指数，用它来对各期的积累额进行缩减。宋海岩等（2003）在对 1978 年前数据的处理中直接借用了邹至庄的积累隐含平减指数，对 1978 年后的数据则采用全国建筑材料价格指数来代替。在对美国生产率的研究中，乔根森（2001）则认为可以用耐用消费品价格指数或批发价格指数来代替它，并认为后者比较合适。Jefferson（1996）则采用建筑安装缩减指数和设备购置缩减指数的加权平均计算出固定资产价格指数。张军等（2003）认为：上海市的固定资产投资价格指数是可得的，因此用上海市的固定资产投资价格指数来代替全国固定资产投资价格指数。而徐现祥等（2007）中建立的缩减指数公式：$IP_{it}^{j} = P_{it}^{j} \times IR_{it}/P_{it}$；其中 P_{it}^{j} 表示分地区分产业的 GDP 缩减指数（1978＝1），P_{it} 表示不分产业的 GDP 缩减指数，R_{it} 为不分产业的固定资本形成总额缩减指数。对徐采用的这种缩减方法，我们认为存在需要进一步改进的地方，理由是：缩减的目的就是去除价格变动因素对资本投入估算的影响，而各产业资本投入与不分产业的资本投入的价格变动因素与该产业 GDP 价格变动因素并不成比例。

本书认为对固定资本形成与固定资本折旧的缩减最好的指数是固定资本缩减指数。这比通过消费品物价指数，资本品物价指数以及生产材料价格指数等缩减净投资要准确可靠得多。通过《中国国内生产总值核算历史资料》我们可以找到不分产业的固定资本增长指数。指数的衡量是建立在不变价格的基础上的，这样我们就可以计算得到实际的固定资本形成总额。同时我们又可以找到以当年价格计算的固定资本总额，那么名义固定资本总额与实际资本总额的比值即为固定资本缩减指数。虽然该减缩指数并非各产业单独计算得到的，但是它客观反映了全国资本投入转变为1978 年不变价格时需要减缩的价格指数。从数据内涵上分析，它恰恰就是所要得到的固定资本缩减数据，而不是某一个代替数据。从这个角度上讲，利用这个数据进行缩减会更具有说服力。具体做法为：以 1978 年为基年，其不分产业的固定资本增长设为 1，通过统计资料数据整理计算得到其他年份的实际增长指数。基年的固定资本形成总额分别乘以各年的增长率即得到实际的固定资本总额。而名义的固定资本总额在统计资料中可以得到。全国的固定资本投入缩减指数，见表 3-4。

P_{Ki}＝名义固定资本形成总额/实际固定资本形成总额

五　固定资产折旧

综观已有研究文献，对折旧率的测算主要沿着两条思路展开：一是估计或假定一个折旧率，然后对折旧进行折算。二是直接采用净投资指标，从而避免了折旧问题。关于折旧率的测算，王小鲁（2000）在固定资本形成的基础上，确定折旧率为5％，黄勇峰（2002）假设设备的折旧率为17％，建筑业为8％，在资本资产的物理折旧程度与经济增长率成正比的前提假设下，Young（2002）假定各省非农业产业为6％，许宪春（2002）认为国家统计局在核算城乡自有房屋折旧时采取的折旧率分别为4％和2％。宋海岩（2003）在官方公布的名义折旧率3.6％的基础上加上

表3-4　　　　全国农业固定资本形成总额缩减指数（1978=100）　　单位：亿元

年份	估计值	年份	估计值	年份	估计值
1978	1.00	1988	1.76	1998	3.35
1979	1.03	1989	1.94	1999	3.18
1980	1.08	1990	2.01	2000	3.34
1981	1.00	1991	2.22	2001	3.33
1982	1.15	1992	2.43	2002	3.27
1983	1.21	1993	2.79	2003	3.31
1984	1.29	1994	3.07	2004	3.47
1985	1.36	1995	3.14	2005	3.49
1986	1.37	1996	3.32	2006	3.53
1987	1.54	1997	3.25		

经济增长率作为实际折旧率。显而易见，上述折旧率的假定存在不一致，且均是针对非农业的固定资产折旧进行的。关于农业固定资产折旧率，吴方卫（1999）经过测算估算农业资本效率重置率为5.42%。东朝晖（2004）采取的方法是假设部门间折旧率相同，因而部门间折旧额之比等于固定资本投入之比，这样由投入产出表可计算出农业部门资本在总资本中所占比例，且这一比例围绕5.7%上下波动，因而取农业资本所占比例的当前值为0.057。郭玉清（2006）运用永续盘存法（Perpetual Inventory Method）测算了农业的资本投入，重置率确定为5.42%。

另外一个可行的办法就是直接采用净投资指标，从而避免了折旧问题。Chow（1993）利用"折旧额 = GDP - 国民收入 + 补贴 - 间接税"这一公式对折旧额进行估算，李治国与唐国兴（2003）则直接借用了Chow所估算的1994年以前的折旧额，1994年后，他们通过将各省的折旧额加总得到全国的折旧额。张军（2003）等采用资本积累衡量当年的投资。物质平衡中的固定资产积累等同于国民经济核算体系中的固定资产形成净额，但自1993年起，中国不再公布积累数据。基于此，现有研究大多都经过经验设定一折旧率。依据经验假定的折旧率显然会与实际值存在一定出入。为了避免上述问题的出现，《中国国内生产总值核算历史资料》在按照收入法对国内生产总值进行核算时提供了折旧数据：

国内生产总值 = 劳动者报酬 + 固定资产折旧 + 生产税净额 + 营业盈余

显然，按照收入法提供的固定资产折旧数据，就实现了数据统计口径的统一，也有效地避免了经验假定的误差。

表 3-5　　　　　省际农业资本投入的固定资产折旧额　　　单位：亿元

年份	折旧额	年份	资本投入量	年份	折旧额
1978	31.62	1988	132.02	1998	551.37
1979	39.86	1989	146.89	1999	553.30
1980	42.00	1990	163.68	2000	602.36
1981	47.19	1991	169.63	2001	647.44
1982	55.11	1992	196.74	2002	709.49
1983	62.07	1993	251.36	2003	766.43
1984	70.55	1994	330.37	2004	845.30
1985	73.10	1995	424.51	2005	932.33
1986	91.51	1996	494.99	2006	1037.27
1987	108.49	1997	534.26		

六　估算结果

在上述估计的基础上，运用戈德史密斯开创的永续盘存法（PIA 方法）得到关于国家农业资本投入量的估算结果。

表 3-6　　　　　　　全国农业资本投入的估算结果　　　　　单位：亿元

年份	资本投入量	年份	资本投入量	年份	资本投入量
1978	1047.03	1988	1758.52	1998	3212.17
1979	1132.51	1989	1805.39	1999	3497.83
1980	1209.09	1990	1872.02	2000	3784.33
1981	1356.96	1991	1948.62	2001	4054.81
1982	1421.61	1992	2017.26	2002	4393.94
1983	1471.85	1993	2098.32	2003	4557.21
1984	1527.28	1994	2284.74	2004	4773.81
1985	1579.18	1995	2495.89	2005	5067.53
1986	1634.97	1996	2705.74	2006	5479.27
1987	1695.51	1997	2938.37		

为了更加清晰地看出估算结果的实效，把估算结果与已有的典型估计结果进行比较，从而可以更好地看出不同估算口径之间的差异与特征。

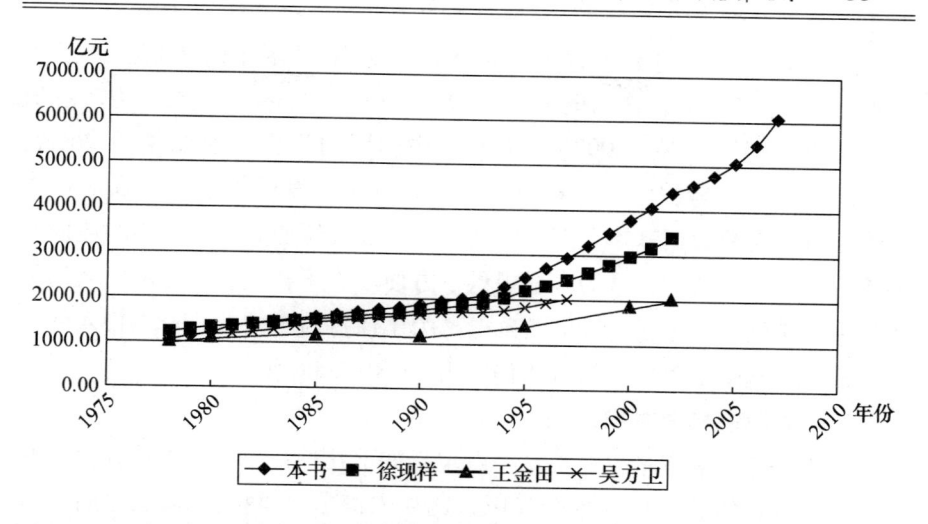

图 3-1 本书与典型农业资本投入量估计结果的比较

从上图 3-1 中容易发现，本书估算结果与徐现祥、王金田、吴方卫等人的估算结果表现出较强的一致性。在 1990 年前，采用本书口径的估算与其余估算非常相似，1990 年后，本书的估算结果较其余估算结果偏高，分析不同估算结果之间差异的主因在于缩减指数的确定。在确定资本品缩减指数中，由于近年来农业在我国的快速发展，农产品价格不断上升，从而使徐现祥（2007）计算中的缩减指数相对比较大。而本书认为资本品的价格与产业 GDP 相比较而言，要有一个滞后期，因此缩减后的结果比较小，故本书的估算要高于徐的估算结果。需要指出的是，农业 GDP 在价格指数上与固定资本形成的价格指数并不存在对应关系。

第五节 省际农业资本投入估算过程与结果

为了更加全面反映我国农业资本投入的区域差异情况，我们同样运用上述估算的基本原理和方法，对我国省际农业资本投入量进行估算。

一 数据来源及估算方法

为了更加全面地展示我国 1978 年至今省际农业资本投入的典型特征，一般而言，采取不同途径提供的文献或数据进行谨慎而深入的分析就成为无法避免的事情。表现在研究过程中，研究数据的收集必须通过多种途径，处理不同口径的原始数据就成为非常棘手且困难的事情。通过对《中国国内生产总值核算历史资料（1952—1995）》、《中国国内生产总值核算历史资料（1996—2002）》以及《中国国内生产总值核算历史资料（1952—2004）》等权威统计资料进行比较分析，发现关于省际农业资本投入估算所需的数据基本上都可以找到。更加方便的是，所提供的数据资料统计口径是一致的，这为本书提供了方便。关于省际农业资本投入的估算结果正是建立在上述估计的基础上。为了保持与全国农业资本投入估算的一致性，省际估算的时间区间仍旧为1978—2006年。

二 省际基年资本投入

关于基期农业资本投入估算一般包括如下几种：一种是先估算全国基期资本投入，然后分配到各个省区，比如宋海岩（2003）假定基期的省区资本投入相同，平均分配。正如张军等人指出的一样，已有的研究缺乏一个相对统一的估计值，以及将这一值分配到各个省区的合理方法。另外一种方法是基期的固定资本形成总额除以某个具体数值作为初始资本投入，比如Young（2002）和张军（2004）以10%作为分母。事实上，这也是国际上较为通行的做法，如Hall、Jones（1999）估计全球127个经济体1960年（基期）的资本投入所采用的公式是 $J^j_{1960}/(0.06+g^j_I)$，其中，J^j_{1960} 表示经济体 j 在1960年的投资，0.06表示折旧率，g^j_I 表示1960—1970年间投资的几何平均增长率。考虑对农业资本投入进行分解非常困难。因此，我们采用Young（2002）和张军（2004）的做法，通过采用农业固定资本形成总额除以10%以获取全国农业资本投入量。见表3-7。

表3-7　　　　　　省际农业初始资本投入量　　　　　单位：亿元

地区	初始资本	地区	初始资本	地区	初始资本
北京	6.75	安徽	47.13	四川	53.88
天津	10.88	福建	5.13	贵州	97.75
河北	71.13	江西	18.90	云南	103.88
山西	62.00	山东	97.00	西藏	0.00
内蒙古	6.63	河南	58.25	陕西	17.38
辽宁	5.00	湖北	20.50	甘肃	25.13
吉林	36.88	湖南	24.13	青海	13.13

续表

地区	初始资本	地区	初始资本	地区	初始资本
黑龙江	35.25	广东	47.25	宁夏	1.38
上海	41.75	广西	30.50	新疆	20.25
江苏	53.50	海南	0.00		
浙江	35.75	重庆	0.00		

三 省际农业固定资本形成总额

依据全国农业资本投入的估算原理，同样采用省际农业固定资本形成总额表示农业投资的做法。相关数据均可以在《中国国内生产总值核算历史资料（1952—1995）》、《中国国内生产总值核算历史资料（1996—2002）》、《中国国内生产总值核算历史资料（1952—2004）》上各年获得，2005—2006年的数据获取依据《中国统计年鉴》提供的相关资料获得，并按准确估算的1978—2004年数据予以调整。

表3-8　　　　　　　省际农业固定资本形成总额　　　　　单位：亿元

年份 地区	1978	1980	1985	1990	1995	2000	2002	2005
北 京	0.68	1	2.37	3.88	3.68	3.71	1.62	1.53
天 津	0.89	0.46	2.01	2.57	0.98	3.05	7.55	10.84
河 北	7.31	5.55	1.97	10.71	61.13	97.23	144.16	115.35
山 西	5.21	4.39	2.22	9.81	7.80	11.96	35.45	84.38
内蒙古	0.7	0.63	2.04	4.13	4.64	38.03	80.83	213.10
辽 宁	1.67	1.86	2.62	5.98	15.94	46.69	63.89	73.25
吉 林	3.56	6.03	5.54	8.70	72.29	56.37	73.67	71.08
黑龙江	3.77	5.08	7.08	14.74	61.56	27.70	38.06	30.61
上 海	3.7	5.41	5.94	6.61	16.47	15.37	9.86	5.58
江 苏	6.56	2.44	4.50	11.97	41.94	70.63	76.90	52.18
浙 江	3.85	3.17	2.18	6.13	76.25	188.69	59.09	87.04
安 徽	6.89	2.69	4.81	16.88	124.85	16.12	46.15	43.69
福 建	1.11	1.66	3.80	8.23	31.04	102.34	160.10	231.93
江 西	2.64	2.78	4.65	7.02	24.31	51.98	17.88	16.99

续表

年份地区	1978	1980	1985	1990	1995	2000	2002	2005
山 东	8.9	16.22	10.21	35.35	129.44	188.65	255.84	213.15
河 南	5.68	6.91	1.26	0.86	62.52	169.86	230.09	204.46
湖 北	2.78	6.62	11.08	18.68	29.69	54.11	45.02	37.67
湖 南	3.43	3.31	1.45	3.45	95.46	48.36	42.41	35.80
广 东	6.55	8.91	7.89	11.98	26.35	38.48	32.24	30.54
广 西	3.36	3.61	2.21	2.82	12.69	27.62	35.48	29.12
海 南	—	—	—	3.23	7.54	19.01	22.35	17.84
重 庆	—	—	—	—	0.98	22.81	29.23	41.24
四 川	5.74	7.19	13.03	21.03	48.70	64.29	39.08	30.94
贵 州	8.4	6.8	5.77	13.07	16.80	16.57	6.98	3.02
云 南	2.63	12.22	20.05	37.89	16.69	28.94	38.09	45.08
西 藏	—	—	—	—	2.06	2.97	4.01	3.01
陕 西	2.91	3.07	8.68	13.39	27.98	54.49	81.93	82.63
甘 肃	2.18	1.84	4.06	7.01	13.64	13.07	20.06	24.98
青 海	1.22	0.99	2.03	2.65	3.85	6.82	15.10	24.81
宁 夏	0.32	0.37	0.86	1.53	1.09	8.45	16.37	34.62
新 疆	2.04	3.34	3.63	7.31	49.12	64.77	90.08	61.22

四 省际农业资本投入的投资缩减指数

省际农业资本投入的投资缩减指数的构造采用与全国农业资本缩减指数构造相同的原理和方法进行，同样假设1978年为基期并等于1。见表3-9。

表3-9　　　　　　　　省际农业投资缩减指数　　　　　　单位：亿元

年份地区	1978	1980	1985	1990	1995	2000	2002	2005
北 京	100.00	99.94	99.92	100.03	166.24	171.98	173.21	201.30
天 津	100.00	105.99	177.77	204.83	396.84	389.95	388.67	491.20
河 北	100.00	104.40	130.00	172.82	275.67	282.20	286.04	322.76
山 西	100.00	105.40	122.05	196.93	188.66	197.49	201.79	242.85
内蒙古	100.00	99.99	114.07	147.49	232.55	230.01	234.09	267.02
辽 宁	100.00	105.13	130.46	183.82	363.97	382.72	385.50	444.31

续表

年份 地区	1978	1980	1985	1990	1995	2000	2002	2005
吉 林	100.00	100.88	131.55	187.59	320.15	357.36	363.58	397.40
黑龙江	100.00	102.11	127.90	214.90	310.02	315.09	316.01	344.11
上 海	100.00	107.74	119.54	182.10	346.37	350.14	349.04	404.79
江 苏	100.00	105.42	110.43	125.10	227.36	223.45	232.86	301.84
浙 江	100.00	102.88	118.59	162.67	331.25	374.43	346.21	440.56
安 徽	100.00	114.41	133.49	188.59	266.07	245.84	246.38	270.74
福 建	100.00	105.36	138.36	300.82	574.50	558.52	550.37	544.34
江 西	100.00	97.00	99.63	118.73	177.57	207.74	216.46	249.79
山 东	100.00	107.20	133.17	215.82	296.23	346.98	350.19	412.74
河 南	100.00	110.38	140.83	174.43	309.77	325.51	324.77	380.47
湖 北	100.00	116.18	136.36	189.36	348.91	328.39	328.14	369.98
湖 南	100.00	105.23	122.92	270.11	498.91	542.59	548.64	612.03
广 东	100.00	109.10	151.02	215.73	334.05	337.72	336.03	400.88
广 西	100.00	114.23	148.14	293.49	346.05	434.03	444.23	483.62
海 南	0.00	0.00	0.00	100.00	216.48	216.96	209.12	237.59
重 庆	0.00	0.00	0.00	0.00	0.00	95.68	97.07	113.93
四 川	100.00	113.96	130.59	238.90	315.69	330.34	337.15	375.61
贵 州	100.00	106.81	114.72	202.50	410.82	446.25	449.09	487.28
云 南	100.00	110.84	192.46	225.84	394.38	414.03	418.19	504.18
西 藏	0.00	0.00	0.00	0.00	0.00	98.62	112.28	196.73	324.24
陕 西	100.00	110.16	105.48	174.50	351.22	446.73	467.83	550.30
甘 肃	100.00	120.65	111.01	150.15	182.18	226.72	229.96	255.49
青 海	100.00	100.01	128.45	134.20	275.65	291.72	303.24	323.80
宁 夏	100.00	107.19	126.01	205.85	330.52	385.31	393.59	433.58
新 疆	100.00	115.06	143.92	185.79	342.55	375.45	376.20	426.90

五 省际农业资本投入固定资产折旧

依据上述分析，《中国国内生产总值核算历史资料（1952—1995）》、《中国国内生产总值核算历史资料（1996—2002）》、《中国国内生产总值核算历史资料（1952—2004）》提供了按照收入法核算时提供了 28 个省的固定资产折旧数据，除了重庆、海南和西藏外。事实上，该估算方法也被一些学者（邱晓华，2006）等采用。

表3-10　　　　　　　　省际农业固定资产折旧　　　　　单位：亿元

年份 地区	1978	1980	1985	1990	1995	2000	2002	2005
北 京	0.14	1.03	0.42	2.19	5.75	6.22	6.65	6.55
天 津	0.02	0.59	0.8	1.12	2.45	2.67	3.06	3.46
河 北	1.62	2.11	3.73	7.06	18.78	36.43	41.68	57.91
山 西	0.25	0.24	1.03	3.15	7.10	8.64	9.41	10.24
内蒙古	0.17	0.17	1.94	3.78	13.00	19.89	26.97	40.85
辽 宁	1.27	1.79	2.93	5.65	15.93	20.96	24.67	28.98
吉 林	0.61	0.79	1.42	3.40	9.40	18.80	24.64	45.20
黑龙江	0.95	1.77	3.58	4.12	11.35	10.10	11.66	12.85
上 海	0.36	0.41	0.57	1.49	2.04	3.47	4.06	5.42
江 苏	2.28	3.14	6.12	16.39	31.40	49.52	56.80	66.38
浙 江	0.99	1.29	2.73	5.85	19.67	30.81	35.92	43.28
安 徽	3.12	3.32	4.12	5.84	25.50	29.30	32.09	34.77
福 建	0.70	0.94	2.01	4.36	10.86	18.07	17.07	17.02
江 西	1.13	1.27	1.95	3.69	8.23	10.18	11.32	12.72
山 东	1.14	1.62	5.86	14.22	35.45	52.28	87.07	167.19
河 南	1.02	1.46	4.94	9.19	15.32	30.09	39.94	54.69
湖 北	5.14	6.04	3.19	13.34	15.91	18.63	19.06	19.84
湖 南	1.50	2.15	2.20	4.74	20.59	31.40	35.26	40.88
广 东	2.77	4.03	7.76	16.13	37.12	44.42	45.30	46.84
广 西	0.92	1.07	1.66	3.85	11.48	15.75	17.41	18.55
海 南	—	—	—	1.74	10.80	16.90	18.40	24.04
重 庆	—	—	—	—	4.80	5.19	5.77	6.26
四 川	2.13	2.77	4.58	8.81	22.37	24.67	26.80	28.48
贵 州	0.58	0.73	1.51	4.21	11.42	12.17	13.02	14.22
云 南	0.32	0.39	0.71	5.25	18.83	28.00	30.21	36.08
西 藏	—	—	0.08	0.34	1.18	7.27	7.94	15.58
陕 西	1.52	1.58	1.87	3.70	13.03	16.79	19.94	25.79
甘 肃	0.17	0.2	3.68	5.88	11.71	21.36	23.68	32.71
青 海	0.17	0.19	0.31	0.49	1.61	1.60	1.86	2.06
宁 夏	0.21	0.26	0.42	0.73	0.88	1.66	2.26	3.24
新 疆	0.42	0.65	0.98	2.97	10.55	9.12	9.57	10.23

六　省际农业资本投入量

采用格德史密斯的 PIA 方法，运用前文估算的相关数据，容易得到省际农业资本投入的估算结果。见表 3-11。

表3-11　　　　　　　　　　省际农业资本投入　　　　　　　　　单位：亿元

年份 地区	1978	1980	1985	1990	1995	2000	2002	2005
北　京	6.75	6.67	11.33	20.67	19.16	10.39	5.39	-2.61
天　津	10.88	12.57	119.54	121.22	121.19	122.13	124.44	127.56
河　北	71.13	80.06	94.21	96.60	125.91	257.26	316.30	368.29
山　西	62.00	69.65	80.86	89.11	98.22	106.02	119.87	176.91
内蒙古	6.63	7.69	6.89	7.41	6.45	33.35	64.74	200.41
辽　宁	5.00	5.19	5.38	7.10	11.78	27.47	46.72	69.08
吉　林	36.88	46.63	62.85	77.30	142.59	220.36	245.81	263.69
黑龙江	35.25	41.59	60.82	76.59	107.12	184.16	209.60	223.68
上　海	41.75	50.56	72.48	87.19	113.53	130.42	134.62	135.30
江　苏	53.50	52.58	46.65	37.23	57.69	97.07	115.59	102.22
浙　江	35.75	39.99	40.97	41.05	72.99	223.78	238.96	256.00
安　徽	47.13	45.86	44.05	70.44	148.03	224.29	233.38	236.87
福　建	5.13	6.36	10.58	16.54	29.18	68.25	114.56	202.58
江　西	18.90	22.15	31.56	46.21	85.48	152.52	158.45	160.68
山　东	97.00	125.75	154.75	190.55	263.19	454.48	538.81	582.85
河　南	58.25	67.61	67.39	58.79	73.94	235.08	341.15	451.91
湖　北	20.50	21.43	22.32	27.05	59.05	98.68	116.26	128.33
湖　南	24.13	27.13	22.77	19.68	48.21	51.70	56.73	52.96
广　东	47.25	55.68	66.08	56.87	46.68	26.67	19.73	3.93
广　西	30.50	34.81	38.59	38.83	40.17	51.10	60.99	66.02
海　南	—	—	—	1.49	-0.57	4.09	8.05	0.62
重　庆	0.00	0.00	0.00	0.00	0.00	33.78	82.25	152.78
四　川	53.88	62.08	86.87	118.80	164.26	195.36	202.07	202.15
贵　州	97.75	111.92	130.84	147.72	155.55	165.17	162.32	155.79
云　南	103.88	125.40	171.54	230.65	252.34	246.64	248.73	250.64
西　藏	0.00	0.00	0.00	0.00	0.44	-5.58	-9.96	-19.99
陕　西	17.38	19.78	44.23	78.40	100.61	133.48	156.23	182.65
甘　肃	25.13	28.40	31.26	34.74	37.61	26.94	21.70	9.36
青　海	13.13	15.24	20.00	26.98	34.50	40.89	47.48	62.74
宁　夏	1.38	1.60	2.18	4.35	7.19	11.91	18.57	34.49
新　疆	20.25	24.72	32.19	42.45	73.39	156.46	194.41	229.62
合　计	1047.028	1209.09	1579.18	1872.02	2495.89	3784.33	4393.94	5067.53

第六节 本章小结

　　由于农业经济增长研究过程中农业资本投入采用多种变量予以替代的做法越来越饱受质疑，农业资本投入及其估算问题越来越引起了学术研究的兴趣。综观已有资本投入研究文献，更多地表现在对全国资本投入总量的估算上，并产生一些有影响力的成果。分产业估算的研究成果较少，且已有的估算文献多是集中在工业资本投入估算上，鲜有农业资本投入估算的文献。在农业资本投入估算中，由于受到农业资本投入估算数据资料的制约，估算方法各异，估算数据差异也较大。基于此，本章将研究重点集中在农业资本投入的测算原理与测算方法的比较分析上。幸运的是，笔者得到了东北财经大学出版社出版的《中国国内生产总值核算历史资料（1952—1995）》，辗转又通过参加经济学会议得到了《中国国内生产总值核算历史资料（1996—2002）》的电子版，剩下的缺憾在中国统计出版社 2007 年出版的《中国国内生产总值核算历史资料（1952—2004）》中得以弥补。上述统计文献几乎提供了核算农业资本投入所需的全部数据资料，从而使本书的估算工作成为可能。通过对我国农业资本投入总量以及省际农业资本投入的估算效果看，因本书采取了统一口径的数据而使研究结果具有更强的说服力和准确性。

第四章 农业资本投入的实证研究

第一节 引 言

农业经济波动问题因其对保持宏观国民经济稳定增长具有重要意义，从而使得关于经济波动问题的研究广泛而深刻。任寿根（2002）等认为有关农业经济波动的研究工作主要围绕三个问题展开，一是农业经济波动的初始根源是什么；二是农业经济波动的传导机制是什么；三是如何治理农业经济波动。由于经济波动解释的效果直接关系到经济波动的治理及其成效，现代经济学的视野主要集中体现在对经济波动的解释上。改革开放以前，我国农业经济波动幅度大，峰位高，谷位深，平均位势低；改革开放以后，经济波动幅度下降，峰位下降，谷位上升，经济的稳定性有显著提高，但与世界上主要发达国家以及同等发展水平的广大发展中国家相比，我国在维持农业经济高速增长的基础上经济波动幅度依然较大。在转轨经济条件下，针对农业经济波动形成机制的新特点，集中体现在"要素投入冲击说"、"产业结构说"、"劳动力转移说"、"自然灾害说"以及"政策冲击说"等。上述观点从不同角度对我国农业经济增长波动进行了经济学解释，但同时也暗含着我国农业经济波动的机制与原因需要进一步探索的推论。认清我国农业经济波动中的波动机理，把握其波动的内在规律性，对于做好国家农业经济调控工作，实现农业与农村经济又好又快的发展具有重要的现实意义。

国外许多学者对经济增长波动现象给予了高度关注，也提出了各种各样的假说来解释这个现象。Keyens（1939）和 Samuelson（1939）较早地分析了资本边际效率以及投资对经济波动的影响及作用。Keyens 认为经济波动的主要原因是资本边际效率的波动。Samuelson 将乘数理论同加速原理结合起来，通过乘数——加速数模型来说明经济波动发生的主因。Hansen 和 Prescott（2003）详细分析了全要素生产率（Total Factor Productivity，简称 TFP）对经济波动的影响，认为 TFP 冲击反映出不可交易或不可度量的生产投入和政府宏观经济政策等因素变化对经济波动的影响。Dejong、Ingram 和 Whiteman（2000）在 Greenwood 等人的模型基础上，通过贝叶斯分析与数值模拟技术详细分析了凯恩斯冲击与全要素生产率冲击对于经济波动的影响，认为这两种冲击对于解释经济周期的成因最为重要。Friedman 和 Schwartz（1963a、1963b）、Coleman（1996）、Freeman 和 Kydland（2000）则将经济波动的原因由内部冲击转向外部冲击，认为货币总供应量的波动是产生经济波动的主要原因。Swanson（1998）利用具有滚动时窗（样本选择的时间区域依次向后推移）的回归检验发现，货币与产出之间的影响关系随着经济周期阶段的不同而发生变化，当经济处于扩张阶段，两者之间的影响关系更为显著，当经济处于收缩阶段，两者之间的影响关系相对减弱。综合经济系统内外部因素展开对经济波动的理论分析，要追溯到真实经济周期理论（Real Business Cycle，简称 RBC），Kydland 和 Prescott（1982）和 Long 和 Plosser（1983）等提出了 RBC。该理论强调随机的实际因素的冲击导致了经济的周期性波动，这种实际因素既包括来自需求方面（如个人需求偏好的变化、政府需求的变化等）的冲击，更重要的是来自供给方面（如技术进步带来的生产率变动、生产要素供给的变动等的冲击，这种干扰推动整个经济在消费、生产、劳动力供应和储蓄方面的调整并最终导致新平衡的建立。这种观点被一些学者（Stiglitz，1987；Mankiw，1989；Greenwood、Hercowitz & Huffman，1988；H. E. Stanley & P. Gopikrishnan，2000；Alejandro Justiniano & Giorgio E. Primiceri，2006）进一步继承和发展。Greenwood、Hercowitz & Huffman（1988）通过把投资冲击融合到 RBC 模型中，考察了这种冲击对经济周期波动的决定程度。Stiglitz（1987）和 Mankiw（1989）认为经济波动的根源是外生的，但是也存在一些内生力量，使得波动加剧以及干扰的影响持续下去。Justiniano 和 Giorgio E. Primiceri（2006）通过构建 DSGE 模型，加入结构性创新因素后研究认为投资、尤其是技术冲击解释了美国过去 20 年内宏观商业经济周期（the Business Cycel）的急速下滑。

综上所述，我们认为：认清我国农业经济波动中的波动现象，把握其波动的内在规律性，对农业经济波动进行适时而有效的调节，使农业经济波动中"上升"与"下降"的幅度较为平缓，"波峰"与"波谷"的落差较小，较好地抑制农业经济波动的"负效应"，实现农业经济又好又快的增长，客观上要求控制包括资本投入、技术进步与农村金融发展的初始冲击，实现资本投入、技术进步以及农村金融发展冲击与农业经济波动的相互协调。

第二节 模型推导、研究方法与数据采集

一 模型推导

金融是现代经济的核心，自从金融发展引入经济增长理论模型中后，越来越多的学者采用这一做法，从而开辟了金融发展促进经济增长的崭新的分析思路。借鉴上述研究思路，我们将农村金融发展引入 C－D 生产函数：(谈儒勇，1999；温涛、冉光和等，2005；王晋斌，2007)

$$Y = f(A, K, L, F) \tag{4.1}$$

其中，Y 代表农业总产出，A 表示农业技术进步，K 是农业资本投入，L 代表农业劳动投入，F 代表农村金融发展。为了单独衡量农业经济波动以及与之相关的农业资本投入等要素对农业产出增长的作用，按照 Parente and Prescott (1991) 的做法可以对劳动投入加一个容量限制 $\bar{L}$，从而有：

$$Y = f(A, K, F) \min(L, \bar{L})^{\theta} \quad (\theta > 0) \tag{4.2}$$

令 $\varphi = (\bar{L})^{\theta}$，表示农业经济的最大生产能力，此时一旦达到最大劳动力容量，农业经济就面临恒定的规模收益，农业总产出就取决于总的农业资本投入、农业技术进步与农村金融发展的水平。结合式 (4.1) 就变成：

$$Y = \varphi \cdot f(A, K, F) \tag{4.3}$$

对公式 (3) 进行全微分，得到：

$$dY = \varphi \cdot \frac{\partial f}{\partial A} dA + \varphi \cdot \frac{\partial f}{\partial K} dK + \varphi \cdot \frac{\partial f}{\partial F} dF \tag{4.4}$$

公式 (4) 两边同时除以 Y，并进一步整理，可得式 (4.5)：

$$\frac{dY}{Y} = \varphi \frac{\partial f}{\partial A} \cdot \frac{A}{Y} \cdot \frac{dA}{A} + \varphi \frac{\partial f}{\partial K} \cdot \frac{K}{Y} \cdot \frac{dK}{K} + \varphi \frac{\partial f}{\partial F} \cdot \frac{F}{Y} \cdot \frac{dF}{F} \quad (4.5)$$

容易知道，$\frac{\partial f}{\partial A} \cdot \frac{A}{Y}$ 表示农业技术进步的经济增长弹性，$\frac{\partial f}{\partial K} \cdot \frac{K}{Y}$ 农业资本投入的经济增长弹性，$\frac{\partial f}{\partial F} \cdot \frac{F}{Y}$ 表示农村金融发展的经济增长弹性。$\frac{dK}{K}$ 表示农业资本投入增长率，$\frac{dA}{A}$ 表示农业技术进步增长率，$\frac{dF}{F}$ 表示农村金融发展增长率。$\frac{dY}{Y}$ 表示农业经济增长率。对式（4.5）进一步变形，可以得到：

$$g_Y = \delta_0 + \delta_1 g_A + \delta_2 g_K + \delta_3 g_F + \mu \quad (4.6)$$

其中，g_Y 表示农业经济增长率，其波动情况反映了农业经济增长波动。g_A 表示农业技术进步率，g_K 表示农业资本投入增长率，g_F 表示农村金融发展增长率。式（4.6）即为我们进行计量分析的 AKF 模型。

一般情况下，农业技术进步率 g_A 和资农业本投入增长率 g_K 并不能直接得到，因此需要进行估计。在农业资本投入实施估算的基础上，还需要对技术进步率 g_A 的进行估算。一般而言，估算方法有增长会计法（GAA）、索罗剩余法（SR）等。这里我们采用常用的 SR 估算方法。在规模收益不变和希克斯中性技术假设下，农业全要素生产率等于技术进步率。有总量生产函数：

$$Y_t = \Omega(t) F(X_t) \quad (4.7)$$

式（4.7）两边同时对时间 t 求导，并整理容易得到：

$$\frac{\dot{Y}_t}{Y_t} = \frac{\dot{\Omega}}{\Omega} + \sum_{n=1}^{N} \delta_n \left[\frac{\dot{x}_{n,t}}{x_{n,t}} \right] \quad (4.8)$$

对式（4.8）变形，从而得到：

$$\frac{\dot{\Omega}}{\Omega} = \frac{\dot{Y}_t}{Y_t} - \sum_{n=1}^{N} \delta_n \left[\frac{\dot{x}_{n,t}}{x_{n,t}} \right] \quad (4.9)$$

引入 C-D 生产函数 $Y = AK^\alpha L^\beta$，其中 K 表示农业资本投入，L 表示农业劳动力，α 和 β 表示弹性，假设规模收益不变，即 $\alpha + \beta = 1$，对 C-D 生产函数两边同时取对数，可以得到：

$$\ln Y = \ln A + \alpha \ln K + \beta \ln L + \varepsilon \quad (4.10)$$

考虑到规模收益不变的假定，将 $\alpha + \beta = 1$ 带入式（4.10），可以得到：

$$\ln(Y/L) = \ln(A) + \alpha\ln\varepsilon\left(\frac{K}{L}\right) + \varepsilon \qquad (4.11)$$

由式（4.11）便能得到 α、β 的估算值，将 α、β、实际产出增长率、劳动力增长率和资本投入增长率代入式（4.9），便能得到1978—2006年的技术进步增长率，运用式（4.6）进行我们的计量检验了。

二 研究方法

综观已有研究文献中，农业资本投入、技术进步、农村金融发展与农业经济增长之间的关系被自然地隐含在经济增长与要素投入关系的基本假设中。因此，对农业技术进步、农业资本投入、农村金融发展与农业经济增长的因果关系进行严格判定就成为必要。对于变量之间是否存在因果关系一般采用格兰杰因果关系检验（Granger Casuality Test）。但 Granger 因果检验要求变量均具有平稳性，否则就可能出现"伪回归"现象（Granger & Newbold，1974）。为了避免"伪回归"现象发生，需要对变量的单整性及变量间的协整关系进行检验。自从 Dicky 和 Fuller（1979）提出单位根检验方法以来，这种方法被广泛运用于检验总量是否具有平稳性，宏观经济总量的时间序列数据是否具有单位根的趋势平稳性（Trend – stationary）还是非平稳性，这对于政策主导的长期经济发展战略和短期经济稳定性措施是否有效具有重要意义。如果变量是单整的且阶数相同，便可进行协整检验。当且仅当若干变量具有协整性时，由这些变量建立的回归模型才有意义（Engle & Granger，1987）。为了进一步确定变量间的因果关系，最后进行格兰杰因果关系检验，检验的基本原理是，如果变量 Y_2 过去和现在的信息有助于改进变量 Y_1 的预测，则说变量 Y_1 是由变量 Y_2 格朗杰原因引起的（Granger – caused）。在实际分析中格兰杰因果检验的功效取决于最优滞后期数的确定。如果滞后期数随机确定，会导致检验结果的错误。本书中最优滞后期数的确定是按 SC 准则、AIC 准则与 LR 准则确定的。

一般情况下，分析时间序列变量长期趋势的方法 ARMA、ARIMA、指数平滑法和 HP 滤波等。其中，由 Hodrick R. J. 和 Presott E. C.（1980）提出的 HP 滤波方法因其在分析变量长期趋势方面的优越性而被广泛使用（Gerlach & Liu，2002；Razzak，2002；IMF，2003）。一些际经济周期理论（Real Business Cycle，简称 RBC）的代表人物（Kydland、Prescott、

Long、Plosser、King 等）等对早期的 RBC 模型进行了扩展,他们的研究成果使宏观经济分析抽掉时间序列数据趋势的做法逐渐成为时尚。本书首先运用 HP 滤波分析法对农业经济波动 g_Y、农村金融发展 g_F、农业资本投入 g_K 与农业技术进步率 g_A 进行过滤,去掉时间序列数据中包含的趋势成分。在此基础上,通过对 g_Y、g_F、g_K 与 g_A 进行 ADF 检验与 Cointegration Test 后,建立 VAR 模型并初步把握变量之间的相互影响关系。为了进一步测定农业经济波动 g_Y 与各变量两两之间的相互作用,我们建立 Impulse Reponse Founction 对变量间的冲击与动态响应情况进行实证。本书所有数据均采用 Martlab 和 Eviews 6.0 Beta 进行处理。

三 数据采集

本书涉及的主要变量和数据资料主要包括 1978—2006 年的农业经济波动 g_Y、农村金融发展 g_F、农业资本投入增长率 g_K 与农业技术进步率 g_A。我们首先对农业 GDP 按 1978 年不变价格进行平减。关于农村金融发展,从宏观层面上看,最早使用的金融相关率（FIR）,它表示金融资产在 GDP 中所占的比重,其中,金融资产总量包括一国经济中对金融部门的债权、对非金融部门债权和直接融资股票的市值之和。Mckinnon（1973）在研究发展中国家的金融抑制与金融深化时,认为表示经济货币化程度的广义货币 M_2/GDP 的一个比值是一个重要指标,"货币负债对国民生产总值的比率像政府和私人部门提供银行资金的镜子,看来是经济中货币体系的重要性和实际规模的最简单标尺"。（Mckinnon,1996）从理论上分析,农村金融资产应该包括农村经济流通中的货币、各项存款、各项贷款、国债用于农业发展和农业经济建设的部分、农业保险部门的保费收入、农业企业债权、财政支农资金以及农业上市公司股票市值之和。受统计数据的制约,上述很多数据很难得到。按照一般的做法,我们只能采用存贷款数据包括农户储蓄和农业贷款来表示农村金融发展的水平。

在得到上述原始资料之后,经过 HP 滤波分析,就可以得到本书所需要的 g_Y、g_K、g_F 与 g_A 的样本序列数据。需要指出的是,本书所涉及的原始数据均来自于《中国统计年鉴》（各年）、《新中国五十年资料汇编》（中国统计出版社 1999 年版）和《中国金融年鉴》以及《中国国内生产总值核算历史资料（1952—1995、1996—2002）》、《中国国内生产总值核算历史资料（1952—2004）》。此外,国家统计局统计信息网以及中国经济信息网也为本书提供了大量可靠的数据。在得到上述原始资料之后,需要对各变量的时间序列数据进行 HP 滤波分析,其目的是将时间序列的趋势成分和波动成分分离开来,以更好地反映变量间的波动关系。HP 滤波分析法的基本原理是:令 yt 表示一个可观测的时间序列,HP 滤波分析方法是将 yt 分解成为一个长期趋势成分 gt 与一个短期波动成分 ct,且 gt 和 ct 是不可观测的。即:

$$yt = gt + ct \qquad (4.12)$$

于是问题转化为如何从 yt 中估算出 gt。HP 滤波分析法通过采用对时间数列的观测值和其所对应的长期直线趋势之间分配不同的权重的办法解决。

令观测值的权重为 1,长期直线趋势的权重为 λ,当 $\lambda = 0$ 时,$gt = yt$。随着 λ 越来越大,gt 被分配的权重就越大。当 $\lambda \to \infty$ 时,gt 趋向于 yt 进行 OLS 估计得到的长期直线趋势。Hodrick R. J. 和 Presott E. C. (1980) 指出,在一定条件下,λ 的最优值取决于 ct 的变动情况和 gt 的二阶差分。而在实际运用过程中,λ 的选取就成为关键。关于 λ 的选取,一般要区分两种情况。对于季度数据,一般都使用 Hodrick R. J. 和 Presott E. C. 所建议的 1600 的"行业标准"并且这种取值也验证了周期成分与现实情况的吻合。对于其他类型的数据,目前还缺乏一致性标准 +,Ran & Uhlig (1997) 建议月度数据和年度数据分别取 $\lambda = 6.25$ 和 $\lambda = 129600$,而 Backus & Kehoe (1992)、世界经济合作与发展组织 OECD 则分别建议 $\lambda = 100$ 和 $\lambda = 25$。

HP 滤波通过对下式求最小值来将观测值分解成长期趋势成分和短期经济波动成分:

$$\sum_{t=1}^{T}(yt - gt)^2 + \lambda \sum_{t=2}^{T-1}[(gt+1-gt)-(gt+1-gt)]^2 \qquad (4.13)$$

对式 (4.13) 中 $g1 \cdots gT$ 进行一阶求导,并令导数为 0,用矩阵表示为:

$$\hat{C} = \lambda F \hat{g} \qquad (4.14)$$

其中,F 为 $T \times T$ 的系数矩阵:

$$\begin{pmatrix} 1 & -2 & 1 & 0 & \cdots & & & & & 0 \\ -2 & 5 & -4 & 1 & 0 & \cdots & & & & 0 \\ 1 & -4 & 6 & -4 & 1 & 0 & \cdots & & & 0 \\ 0 & 1 & -4 & 6 & -4 & 1 & 0 & \cdots & & 0 \\ \cdots & & & & & & & & & \\ \cdots & & & & & & & & & \\ \cdots & & & & & & & & & \\ 0 & \cdots & & & & 0 & 1 & -4 & 6 & -4 & 1 & 0 \\ 0 & \cdots & & & & & 0 & 1 & -4 & 6 & -4 & 1 \\ 0 & \cdots & & & & & & 0 & 1 & -4 & 5 & 2 \\ 0 & \cdots & & & & & & & 0 & 1 & -2 & 1 \end{pmatrix}$$

通过对式 (4.14) 进行整理, 可以得到: $y - \hat{g} = \lambda \hat{F} g$, 整理后可以得到: $\hat{g} = (\lambda F + 1)^{-1} y$, 其中, $\hat{g}$ 表示长期趋势的估计值。运用 Matlab 对采集到的原始数据进行处理, 容易得到各变量的滤波分析图, 见图 4-1。

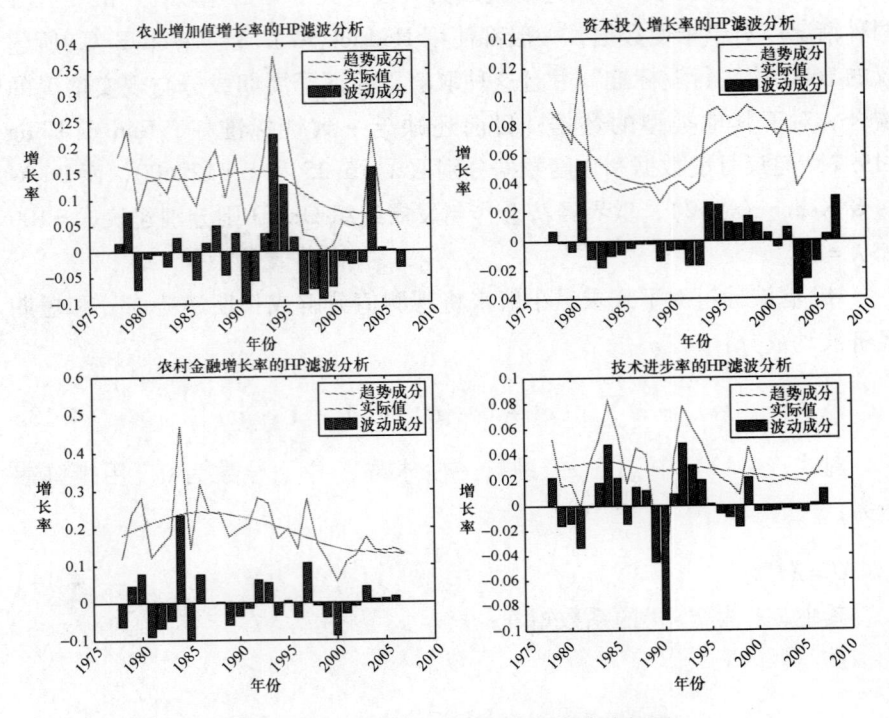

图 4-1　g_Y、g_F、g_K 与 g_A 的滤波分析图

运用 HP 滤波分析法，除掉时间序列数据的趋势成分，可以得到各变量的波动成分数据，（见表 4-1）这就是我们进行计量检验的数据了。

表 4-1　　　　　　g_Y、g_K、g_F 与 g_A 的滤波分析结果

年份	g_Y	g_K	g_F	g_A	年份	g_Y	g_K	g_F	g_A
1978	0.01690	0.00643	-0.06474	0.02172	1993	0.03329	-0.01731	0.05297	0.03106
1979	0.07647	-0.00064	0.04445	-0.01583	1994	0.22500	0.02584	-0.03377	0.01932
1980	-0.07336	-0.00712	0.07768	-0.01460	1995	0.12704	0.02447	0.00426	0.00083
1981	-0.01083	0.05497	-0.09064	-0.03364	1996	0.02698	0.01216	-0.03863	-0.00671
1982	-0.00396	-0.01237	-0.06927	-0.00100	1997	-0.08295	0.01122	0.10576	-0.00938
1983	-0.02794	-0.01801	-0.04826	0.01810	1998	-0.07360	0.01675	-0.00686	-0.01716
1984	0.02582	-0.01008	0.23373	0.04769	1999	-0.09145	0.01193	-0.03992	0.02136
1985	-0.01772	-0.00944	-0.09795	0.02149	2000	-0.06832	0.00518	-0.08816	-0.00516
1986	-0.05350	-0.00520	0.07412	-0.01506	2001	-0.01934	-0.00449	-0.02916	-0.00502
1987	0.01602	-0.00207	-0.00031	0.01441	2002	-0.02517	0.00852	-0.00932	-0.00453
1988	0.04956	-0.00194	0.00136	0.01150	2003	-0.02138	-0.03741	0.04145	-0.00259
1989	-0.04509	-0.01387	-0.05927	-0.04553	2004	0.15953	-0.02724	0.00746	-0.00396
1990	0.03539	-0.00639	-0.03506	-0.09132	2005	0.00597	-0.01426	0.00869	-0.00559
1991	-0.09780	-0.00631	-0.01596	0.00843	2006	0.00233	0.00381	0.01501	0.00080
1992	-0.05620	-0.01684	0.06107	0.04845					

第三节　实证检验结果与分析

一　Var 模型分析

依据上述理论，下面将对农业经济波动 g_Y、农村金融发展 g_F、农业资本投入 g_K 与农业技术进步率 g_A 之间的关系进行拟合，以研究各变量相互之间冲击的影响和反应。在进行模型的拟合之前，首先对数据的基本统计特征进行分析，下表提供了农业经济波动 g_Y、农村金融发展 g_F、农业资本投入 g_K 与农业技术进步率 g_A 四个变量的基本统计特征。（见表4-2）

表 4-2　　　　　　　g_Y、g_F、g_K 与 g_A 的统计量

	均值	中位数	最大值	最小值	标准差	偏度（S）	峰度（K）	JB
g_Y	3.33E-07	0.2250	-0.0978	0.0736	1.2603	4.6671	11.4158	0.0033
g_K	3.33E-07	0.0550	-0.0374	0.0186	0.7457	4.1322	4.3825	0.1118
g_F	1.8E-18	0.2337	-0.0980	0.0682	1.3066	5.7424	17.9379	0.0001
g_A	6.67E-07	0.0485	-0.0913	0.0269	-1.0950	5.9726	17.0408	0.0002

从表 4-2 中可以发现，与标准正态分布（$S=0$，$K=3$）相比，农业经济波动 g_Y、农村金融发展 g_F、农业资本投入 g_K 与农业技术进步率 g_A 四个变量均不符合正态分布的要求，JB 统计量（Jarque-Bera）均超过临界值，且 $S_i>0$，均右偏，具有一个较长的右尾。峰度 K_i 均大于正态分布的峰度（$K=3$），呈现尖峰的分布状态。根据建立 VAR 模型的要求和顺序，我们首先应该检验 4 个序列的平稳性是否符合要求。显然，变量 g_Y、g_F、g_K 与 g_A 的一阶差分检验结果（滞后阶数均为 1）无论是在 5% 或者 1% 的显著水平上均符合稳定性要求见表 4-3。

表 4-3　　　　　g_Y、g_F、g_K 与 g_A 的一阶差分的稳定性检验

变量	ADF 值	类型	显著水平	临界值
Δg_Y 的 ADF 统计量	-4.350191	TC	1%	-3.6959
			5%	-2.9750
			10%	-2.6265
Δg_K 的 ADF 统计量	-5.039041	TC	1%	-3.6959
			5%	-2.9750
			10%	-2.6265
Δg_F 的 ADF 统计量	-5.631052	TC	1%	-3.6959
			5%	-2.9750
			10%	-2.6265
Δg_A 的 ADF 统计量	-5.521212	TC	1%	-3.6959
			5%	-2.9750
			10%	-2.6265

由于变量均是一阶单整的，即一阶差分序列均已平稳，满足协整检验的前提。通过把农业经济波动 g_Y、农村金融发展 g_F、农业资本投入 g_K 与

农业技术进步率 g_A 处理成趋势图,可以看出变量具有相似的增长和变动趋势,说明可能存在协整关系(图略)。对于服从 $I(1)$ 过程变量的协整检验,从检验的手段上可分为两种:一种是基于回归残差的 EG(Engle & Granger,1987)两步法协整检验;另一种是基于回归系数的 Johansen (1988) 检验,Johansen 和 Juselius(1990)提出了一种在 VAR 系统下用极大似然估计来检验多变量间协整关系的方法,即 Johansen 协整检验,这里我们采用后者进行分析。为了进一步确定变量之间的关系,检验过程中依据变量特征建立 VAR 模型。建立 VAR 模型除了要满足平稳性条件外,还应该正确确定滞后期 k。如果滞后期太少,误差项的自相关会很严重,并导致参数的非一致性估计。(张晓桐,2004)本书对最优滞后期的选择根据 LR 统计量、AIC 和 SC 信息准则来确定,见表 4-4。经过反复试验,如果 AIC 与 SC 的滞后期同时达到最小,则直接可以确定最优滞后期。否则,就难以直接通过 AIC 和 SC 准则进行确定。此时,应该考虑引入 LR 检验进行取舍。LR(似然比)统计量定义为:$L = -2[\log L_{(k)} - \log L_{(k+1)}] \chi^2_{(N^2)}$。其中,$\log L_{(k)}$ 和 $\log L_{(k+1)}$ 分别是 VAR (k) 和 VAR $(k+1)$ 模型的极大似然估计值。k 表示 VAR 模型中滞后变量的最大滞后期。LR 统计量渐近服从 $\chi^2_{(N^2)}$ 分布。显然,当 VAR 模型滞后期的增加不会给极大似然函数值带来显著性增大时,即 LR 统计量的值小于临界值时,新增加的滞后变量对 VAR 模型毫无意义。由于依据 AIC 准则和 SC 准则判定的最优滞后期不一致(根据 AIC 确定的滞后期数为 $k=4$,根据 SC 确定的滞后期数为 $k=3$),因此需要引入 LR 检验进行取舍。通过 LR 统计量确定 VAR 模型的滞后期数,依据下表提供的结果,经计算可得最佳滞后期数为 3,见表 4-4。

表 4-4   确定 VAR 模型滞后期的各统计量的值(差分)

统计量	VAR(1)	VAR(2)	VAR(3)	VAR(4)
AIC 统计量	-14.17194	-13.99979	-14.63071	-15.46852
SC 统计量	-13.22898	-12.28696	-12.13502	-12.17811
LR 统计量	225.4931	231.9971	249.5146	269.0908

我们利用 White 检验和 JB 检验进一步检验滞后期数为 3 的 VAR 模型,发现其拟合优度很好,残差序列具有平稳性,并确保模型最优。在确

定最优滞后期的基础上,为了探索变量之间是否存在长期稳定的关系,需要进行 Johansen 协整检验。我们可以得到协整检验的具体结果,如表 4-5 所示。

表 4-5　　各变量 Johansen 协整检验结果

零假设:协整向量数目	特征值	迹统计量	临界值 5%显著水平	临界值 1%显著水平
0	0.873513	49.59856	62.21	77.46
至多1个	0.468613	29.77292	39.68	48.65
至多2个	0.351626	15.70179	19.14	30.04
至多3个	0.199352	0.003013	3.76	6.65

由表 4-5 的计量检验结果可以看出,农业经济波动 g_Y、农村金融发展 g_F、农业资本投入 g_K 与农业技术进步率 g_A 无论是在 1% 还是 5% 的统计显著性上,检验结果都表明,我们所检验的序列并不存在一个协整关系。说明他们至少在最优滞后期内,各变量之间并不存在一个长期稳定的均衡关系。由于变量之间不存在协整关系,所以只能采用一般的 VAR 模型进行分析,而不能够使用 VEC 模型(Vector Error Correction)进行分析。(周爱民、徐辉等,2006)在前面建立 VAR 模型过程中,我们知道应该保证农业经济波动 g_Y、农村金融发展 g_F、农业资本投入 g_K 与农业技术进步率 g_A 的时间序列具有稳定性特征,从而保证估计参数的一致性。依据最优滞后阶数 k 的确定,我们可以得到的 VAR 模型如下所示。尽管 t 统计量检验结果显示上述变量在不同的滞后期上存在个别滞后项并不显著的现象(通过 t 统计量检验的用 * 标注),但一般情况下不予筛选,仍然保留各滞后变量。

$$g_Y = \begin{bmatrix} 2.15 \\ 0.92^* \\ 0.34^* \\ 0.44^* \end{bmatrix}^T \times \begin{bmatrix} g_Y \\ g_K \\ g_A \\ g_F \end{bmatrix}_{-1} + \begin{bmatrix} 1.05 \\ 0.89 \\ 0.41 \\ 0.37^* \end{bmatrix}^T \times \begin{bmatrix} g_Y \\ g_K \\ g_A \\ g_F \end{bmatrix}_{-2} + \begin{bmatrix} -0.85^* \\ 0.55^* \\ -0.29^* \\ -0.11^* \end{bmatrix}^T \times \begin{bmatrix} g_Y \\ g_K \\ g_A \\ g_M \end{bmatrix}_{-3} + 0.75$$

VAR 模型的方程形式反映了农业经济波动 g_Y、农村金融发展 g_F、农业资本投入 g_K 与农业技术进步率 g_A 分别滞后 1 期、2 期和 3 期对农业经济波动 g_Y 的影响和作用。从整体上看,农业资本投入 g_K 对 g_Y 的影响系数均为正数，而表明这之间呈现正相关关系。且比 g_A 和 g_F 对 g_Y 的影响程度相比，要偏大一些。这表明物质资本投入对中国农业产出的贡献呈现稳定的正相关趋势。从整体上看，中国的农业经济增长尚属于物质推动型增长，即粗放型的增长。（李京文、钟学义，1998）技术进步增长率 g_A 对 g_Y 的影响以正向为主，滞后 1 期的影响系数为 0.34，滞后 3 期为 -0.29。这表明：在中国目前的情况下，农业作为弱质产业（生产规模小、农民素质低、服务跟不上、市场不稳定），农民是否采用新技术在很大程度上取决于农业从整体上是否有利可图，也取决于在政府主导下的农业技术推广服务组织是否能获得政府的支持，并愿意为农业生产提供服务与技术支持。（赵芝俊、张社梅，中国农业科学院农业发展研究所，2006）技术进步、农村金融发展对农业经济增长的关系呈现正负交错的非稳定状态，实际上暗含着保持农村金融快速发展与农业技术进步对于促进农业经济的协调发展更显得具有异常重要而紧迫意义。

二 脉冲响应函数分析

在 VAR 模型中得到了农业经济波动 g_Y 与农村金融发展 g_F、资本投入增长率 g_K 和技术进步率 g_A 之间的相互关系。在进一步运用 VAR 模型的基础上，我们可以 g_K、g_A 和 g_F 对 g_Y 的冲击及 g_Y 响应情况。表 4-6 给出了经济波动 g_Y 对于各变量的脉冲响应值。通过表 4-6 提供的测算结果可以发现，农业经济波动对于 g_K、g_F 的脉冲响应模式与 g_A 存在较大差异。若考察不同的冲击力度，在脉冲响应的 1—10 期上，g_Y 对于 g_K 的平均脉冲响应值要明显高于 g_A 和 g_F，无论正向冲击还是反向冲击。

表 4-6　　　　　经济波动 g_Y 对于各变量的脉冲响应值

时间间隔	1	2	3	4	5	6	7	8	9	10
g_K	0.0000	0.0093	0.0195	0.0075	-0.0085	-0.0118	-0.0052	0.0019	0.0049	0.0037
g_F	0.0000	0.0028	0.0076	-0.0026	-0.0080	-0.0050	0.0002	0.0038	0.0034	0.0009
g_A	0.0000	-0.0158	-0.0099	-0.0008	0.0001	0.0025	0.0038	0.0023	-0.0004	-0.0021

为了更加清晰地看出各变量对农业经济波动 g_Y 的脉冲响应情况，我们处理成图 4-2。从图 4-2 中可以看出，经济波动 g_Y 对于农业资本投入增长率 g_K 的脉冲响近似一个阻尼正弦波。给农业资本投入增长率 g_K 一个

正向冲击之后，经济波动 g_Y 在前 4 期内较大幅度波动之后，在第 3 期达到最高点，即在第 3 期 g_Y 对 g_K 的响应是 0.0195。表明农业资本投入受到某一外部冲击之后，经市场传递给 g_Y，在经过引起农业经济波动的振荡之后达到最大值，然后正向冲击力度迅速下降。g_Y 对于农村金融增长率 g_F 也类似一个阻尼正弦波，脉冲的时间轨迹为：当给 g_F 一个正向冲击之后，g_Y 在前 4 期内小幅上升，经过较大幅度调整，在第 3 期左右达到最大值，到第 7 期时，冲击衰弱为 0。g_Y 对农业技术进步增长 g_A 的脉冲响应近似一个阻尼余弦波，脉冲的时间轨迹为：当给 g_A 一个正向冲击之后，g_Y 约在前 4 期内小幅下降，并在第 2 期达到最小值。然而，综观农业经济波动 g_Y 对于各变量的脉冲响应函数可以发现，g_K 和 g_A 的振荡幅度要明显大于 g_F 的振荡幅度，考察脉冲响应周期，g_K（脉冲响应周期约为 8）要小于 g_A，其中 g_A 的脉冲响应周期最长，约为 9。考虑到前面的协整方程的变量系数，这说明了该模型对农业经济波动 g_Y 与农村金融发展率 g_F、农业资本投入增长率 g_K 和农业技术进步率 g_A 之间的相互关系的解释能力是较高的。

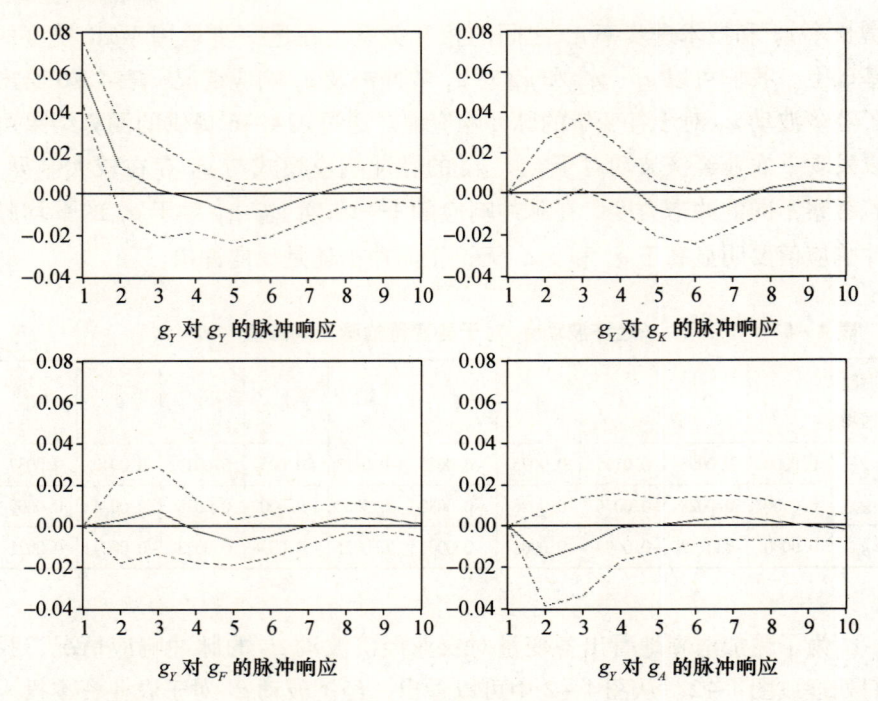

图 4-2 农业经济波动 g_Y 对于各变量的脉冲响应函数

综上,农业经济波动 g_Y 对于 g_K 的脉冲响应模式与 g_A 和 g_F 存在较大差异,这种差异不仅体现冲击力度上,而且体现在脉冲响应的时间轨迹上:在脉冲响应的 1—10 期上,无论正向冲击还是反向冲击,g_Y 对于 g_K 的平均脉冲响应值要高于 g_A 和 g_F,且经济波动对于资本投入的响应时滞较短。

三 格兰杰因果关系检验

为了进一步验证农业经济波动 g_Y 与农村金融发展率 g_F、农业资本投入增长率 g_K 和农业技术进步率 g_A 之间的相互关系,我们对农业经济波动 g_Y 分别与 g_K、g_A 和 g_F 两个变量一组进行格兰杰因果关系检验,滞后期为 1。检验结果见表 4-7。

表 4-7　农业经济波动 g_Y 与各变量间的 Granger 因果关系检验

变量	零假设	F 统计量	P 值	结论
g_K	g_K 不是 g_Y 的 Granger 原因	12.75955	0.0469*	拒绝原假设
	g_Y 不是 g_K 的 Granger 原因	2.5693	0.0869*	拒绝原假设
g_A	g_A 不是 g_Y 的 Granger 原因	3.95132	0.05746*	拒绝原假设
	g_Y 不是 g_A 的 Granger 原因	1.30331	0.58652	接受原假设
g_F	g_F 不是 g_Y 的 Granger 原因	1.27658	0.0441*	拒绝原假设
	g_Y 不是 g_F 的 Granger 原因	1.6279	2.0885	接受原假设

注:* 表示 10% 的显著性水平。

在 10% 的显著水平下,滞后 1 期的 Granger 因果关系检验表明,1978 年至 2006 年期间,农业经济波动 g_Y 与农业资本投入增长率 g_K 之间分别存在相互影响的双向 Granger 因果关系,其中一方的变动均会对另一方产生影响,即 g_K 的变动会对 g_Y 产生影响,同时 g_Y 的变动也会对 g_K 产生影响。农业经济波动 g_Y 和农业金融发展 g_F、农业技术进步率 g_A 之间存在单向的 Granger 因果关系,g_F 与 g_A 是 g_Y 的 Granger 原因,而 g_Y 不是 g_A 和 g_F 的 Granger 原因,这与我国当前转轨经济时期农村金融发展和农业技术进步的现实是内在一致的。从实践角度看,我国农村金融发展与农业技术进步往往脱离农业经济增长的客观实际情况,一方面农业技术进步与农村金融发展在农业经济发展过程中扮演重要角色,但同时对农业经济增长的促进作用又有局限;另一方面,我国的农业经济发展并没能很好地促进农业技术进步与农村金融发展。这实际上表明在某种程度上并没能很好地处理好农村金融发展、农业技术进步与农业经济增长之间协调的关系。这一研究结论实际上也暗含着需要加强国家的宏观调控来促进农村金融发展与农业技术水平进步,并保持农村金融发展、农业技术进步与农业经济增长相协调的推论。

第四节　基于省际的农业资本投入的实证

一　计量方法

前文已经就农业资本总量投入对农业经济波动的影响进行了实证研究,但是,缺乏对省际农业资本投入运行状况的分析。Pierse 和 Shell (1995) 发现,当利用单个时间序列进行单位根检验时,如果样本容量比较低,那么会大大降低检验的功效。现有的面板计量经济分析(Panel Data Analysis)方法与研究省际农业资本投入运行效果的实证提供了可能。所谓面板数据(Panel Data)是指变量 y 关于 N 个不同对象的 T 个观测期所得到二维结构数据,记做 y_{it}。其中, i 表示 N 个不同对象, t 表示 T 个观期。(白仲林,2007) 这时,面板数据充分利用了不同个体之间相互影响的关系。一般而言,在对面板数据模型进行估计时,使用的样本中包括了个体、指标、时间3个方面的信息。在使用面板数据时,首先要确定面板数据的类型与特征,包括是固定效应模型(Fixed Effects Model)和随机效应模型(Random Effects Model),变斜率模型(Specific Coefficents Model)与常斜率模型(Common Coefficents Model)。如果模型的形式设定失误,估计结果将与所要模拟的经济现实偏差甚远。而模型类型选择一旦准确,就可以避免设定偏差且有效改进参数估计的有效性。Greene (1997) 介绍了两种确定面板数据模型的固定效应或随机效应的检验方法,一种是由 Breush & Pagan (1980) 提出的拉格朗日检验法(LM Test),另一种是 Hausman (1978) 提出的 Hausman 检验法(Hausman Test)。本节的研究思路如下,我们首先对面板数据模型进行检验,以确定其类型,然后进行面板单位检验和面板协整检验。其中,LM Test 的统计量及其分布如下:

$$LM = \frac{NT}{2(T-1)} \left[\frac{\sum_i (\sum_t \hat{\mu}_{it})^2}{\sum_i \sum_t \hat{\mu}_{it}^2} \right]^2 \sim \chi^2(1)$$，其中，$\hat{\mu}_{it}$ 为面板数据模型的误差项。

Hausman 检验的统计量为：

$$H = (\hat{\beta}_w - \hat{\beta}_{GLS})^t \sum\nolimits_\beta^{-1} (\hat{\beta}_w - \hat{\beta}_{GLS}) \sim \chi^2(K)$$

其中，$\sum_\beta = \mathrm{var}(\hat{\beta}_w - \hat{\beta}_{GLS}) = \mathrm{var}\hat{\beta}_w - \mathrm{var}\hat{\beta}_{GLS}$，$\hat{\beta}_w$ 和 $\hat{\beta}_{GLS}$ 分别为采用 OLS 方法估计和 GLS 方法估计得到的 β 估计值，K 为解释变量的个数。

在面板数据模型实证检验过程中，面板单位根检验（Panel Unit Roots Test）和面板协整检验（Panel Cointegration Test）得到越来越广泛的应用。作为对时间序列的单位根和协整理论的继承和发展，它综合时间序列和横截面的特性，可以更直接、更精确地推断单位根和变量之间协整关系的存在。

（一）面板单位根检验原理

面板单位根检验主要是判定面板数据的稳定性问题。在时间序列中，如果非平稳时间序列对另一非平稳时间序列回归，在这种情形下，标准的 T 和 F 检验是无效的，而面板数据同样存在相类似问题。已有相关研究大多是基于单一国家长期时间序列分析，然而，长期时间序列分析根本无法避免因制度变革或结构突变对回归结果的极大影响。例如，Carruth、Hooker 和 Oswald（1998）明确指出只要样本期包含 20 世纪 70 年代的石油冲击，那么简单的回归结果极可能是谬误的。因此，包括长期时间序列的面板数据必须检验其稳定性。

如果面板数据 y_{it} 是由过程

$$\Delta y_{it} = a_i + \delta_i t + \beta y_{i,t-1} + u_{it}, (i = 1, 2, \cdots, N, t = 1, 2, \cdots, T)$$

生成的，则称面板数据 y_{it} 是同质的，其中，u_{it} 服从均值为 0 的分布。

如果面板数据 y_{it} 是由过程

$$\Delta y_{it} = a_i + \delta_i t + \beta_i y_{i,t-1} + u_{it}, (i = 1, 2, \cdots, N, t = 1, 2, \cdots, T)$$

生成的，则称面板数据 y_{it} 是异质的，其中，u_{it} 服从均值为 0 的分布。

对于同质面板数据，当 $\beta = 1$ 时，或者对于异质面板数据，当存在 i，使得 $\beta_i = 1$ 时，称面板数据是面板单位根过程。在非经典计量经济学中，将检验面板数据是否为面板单位根过程的检验称为面板单位根检验。其主要的检验方法包括 Quah 检验、Levine 和 Lin 检验（LL 检验）、Im、Pesaran 和 Shin 检验（IPS 检验）以及 Maddala 和 Wu 检验（MW 检验）。

1. Quah 检验

利用合并 OLS 估计的 DF 统计量检验面板单位根检验假设：$H_0: \beta = 1$，$H_1: \beta < 1$。

依据面板单位根检验公式：$\Delta y_{it} = \beta y_{i,t-1} + u_{it} \quad u_{it} \sim IID(0, \sigma_u^2)$

上述过程简称 Quah 检验，且当界面个数 N 和时期数 T 区域无穷大且速度相同，即 N/T 为常熟时，DF 统计量的渐进分布为标准正态分布。

2. Levine 和 Lin 检验（LL 检验）

Levine 和 Lin 检验（1992）的原假设为：$H_0: \rho_i = 0$，备选假设为 $H_1: \rho_i < 0$。单位根过程模型为：

$$\Delta y_{it} = \rho y_{i,t-1} + \partial_0 + \delta t + \partial_i + \theta_t + \varepsilon_{it}, (i = 1, 2, \cdots, N, t = 1, 2, \cdots, T)$$

$$\varepsilon_{it} \sim IID(0, \sigma_u^2)$$

该模型既包括了时间趋势，也包括了个体和时间特殊效应，并且序列自相关。用一个滞后一阶的差分做 ADF 检验。Levine 和 Lin（1992）考虑了如下几种模型情况，极限分布是按 N、T 趋于无穷，方程估计都是作为联合回归模型，用 OLS 进行估计：

模型 1：$\Delta y_{it} = \rho y_{i,t-1} + \varepsilon_{it} \quad H_0: \rho_i = 0$

模型 2：$\Delta y_{it} = \rho y_{i,t-1} + \partial_0 + \varepsilon_{it} \quad H_0: \rho_i = 0$

模型 3：$\Delta y_{it} = \rho y_{i,t-1} + \partial_0 + \delta t + \varepsilon_{it} \quad H_0: \rho_i = 0, \delta = 0$

模型 4：$\Delta y_{it} = \rho y_{i,t-1} + \partial_0 + \theta_t + \varepsilon_{it} \quad H_0: \rho_i = 0$

模型 5：$\Delta y_{it} = \rho y_{i,t-1} + \partial_i + \varepsilon_{it} \quad H_0: \rho_i = 0, \partial_i = 0$

模型 6：$\Delta y_{it} = \rho y_{i,t-1} + \partial_0 + \delta_i t + \varepsilon_{it} \quad H_0: \rho_i = 0, \delta_i = 0$

Levine 和 Lin 检验认为与时间序列单位根检验统计量的标准分布不同，Panel Data 统计检验是极限正态分布，并且当 T 比 N 趋于无穷的速度更快。

3. Im、Pesaran 和 Shin（IPS 检验）

Im、Pesaran 和 Shin（1997）检验的原假设和备选假设为：

$H_0: \rho_i = 0$，对于所有 i

$H_1: \rho_i < 0, i = 1, 2, \cdots, N_1 (\rho_i = 0, 1 = N_1 + 1, N_1 + 2, \cdots, N)$

Im、Pesaran 和 Shin 的估计模型为：

$$\Delta y_{it} = \alpha_i + \rho y_{i,t-1} + \varepsilon_{it} (i = 1, 2, \cdots, N, t = 1, 2, \cdots, T)$$

Im、Pesaran 和 Shin 使用组平均 LM 统计量进行检验。ADF 回归方程估计如下：

$$\Delta y_{it} = \alpha_i + \rho y_{i,t-1} + \sum_{j=1}^{Pi} \theta_{ij} y_{i,t-j} + \varepsilon_{it} (t=1,2,\cdots,T)$$

4. Maddala 和 Wu 检验（MW 检验）

Maddala 和 Wu（1999）检验使用了"Meta Analysisi"中 Fish（1932）提出的关于独立性检验方法，即综合了每个界面单位的统计量 P 值，来进行单位根检验，Fish 检验是一个非参数检验，对于单位根，任何选的检验都可以进行，其标准统计量为：

Fish 统计量 $= -1 \sum_{i=1}^{N} \ln(\pi_i)$，且服从 $\chi^2 (2N)$ 分布，π_i 是单位 i 的检验统计量的 P 值。

（二）面板协整检验理论在 Panel data 中关于协整检验

迄今为止，主要有两个方向，一个是原假设为非协整，使用类似 Engle 和 Granger（1987）平稳回归方程，从 Panel data 中得到残差构造统计检验，进而计算其分布特征；一个是原建设为协整，是基于残差的检验。较为普遍使用的检验统计量为 Pedroni 检验。（Pedroni，1999）Pedroni 检验提出了可考虑异方差情形的面板模型的 7 个检验统计量。原假设为不存在协整关系。Pedroni 采用的模型为：

$$y_{it} = \alpha_i + \beta X_i + \delta_i t + e_{it}$$

其中，y_{it} 为 $(N \times T) \times 1$ 维统计量，X_i 为 $(N \times T) \times M$，M 为回归变量个数。Pedroni 提出两种形势的检验，一种检验是采用联合组内制度描述，包括 4 个统计量：

$$panelv - statistic: Zv = \left(\sum_{i=1}^{N} \sum_{t=1}^{T} \hat{L}_{11}^{2} \hat{e}_{i,t-1}^{2} \right)^{-1}$$

$$panel\rho - statistic: Z\rho = \left(\sum_{i=1}^{N} \sum_{t=1}^{T} \hat{L}_{11i}^{2} \hat{e}_{i,t-1}^{2} \right)^{-1} \sum_{i=1}^{N} \sum_{t=1}^{T} \hat{L}_{11i}^{-2} (\hat{e}_{i,t-1}^{2} \hat{e}_{i,t}^{2} - \hat{\lambda}_i)$$

$$panelPP - statistic: Z_t = \left(\tilde{\sigma}_{NT}^{2} \sum_{i=1}^{N} \sum_{t=1}^{T} \hat{L}_{11i}^{-2} \hat{e}_{i,t-1}^{2} \right)^{-1/2} \sum_{i=1}^{N} \sum_{t=1}^{T} \hat{L}_{11i}^{-2} (\hat{e}_{i,t-1}^{2} \hat{e}_{i,t}^{2} - \hat{\lambda}_i)$$

$$panelADF - statistic: Z_t^* = \left(\tilde{S}_{NT}^{*2} \sum_{i=1}^{N} \sum_{t=1}^{T} \hat{L}_{11i}^{*2} \hat{e}_{i,t-1}^{2} \right)^{-1/2} \sum_{i=1}^{N} \sum_{t=1}^{T} \hat{L}_{11i}^{-2} \hat{e}_{i,t-1}^{*} \hat{e}_{i,t}^{*}$$

第二种检验是用组间尺度描述，包括三个统计量，分别是：

$$group\rho - statistic: \tilde{Z}_t = \sum_{i=1}^{N} \left(\sum_{t=1}^{T} \hat{e}_{i,t-1}^{2} \right)^{-1} \sum_{t=1}^{T} (\hat{e}_{i,t-1} \hat{e}_{i,t} - \hat{\lambda}_i)$$

$$groupPP - statistic: \tilde{Z}_t = \sum_{i=1}^{N} \left(\sigma_{NT}^2 \sum_{t=1}^{T} \hat{e}_{i,t-1}^2 \right)^{-1/2} \sum_{t=1}^{T} (\hat{e}_{i,t-1}\hat{e}_{i,t}^2 - \hat{\lambda}_i)$$

$$groupADF - statistic: \tilde{Z}_t^* = \sum_{i=1}^{N} \left(\hat{S}_i^2 \sum_{t=1}^{T} \hat{e}_{i,t-1}^{*2} \right)^{-1/2} \sum_{t=1}^{T} (\hat{e}_{i,t-1}^*\hat{e}_{i,t}^*)$$

其中，$\hat{\lambda}_i = \frac{1}{T}\sum_{s=1}^{K_i}\left(1 - \frac{s}{k_i+1}\right)\sum_{t=s+1}^{T}\hat{\mu}_{it}\hat{\mu}_{i,t-s}, \hat{S}_i^2 = \frac{1}{T}\sum_{t=1}^{T}\hat{\mu}_{it}^2, \hat{\sigma}_i^2 = \hat{S}_i^2 + 2\hat{\lambda}_i$,

$\hat{S}_i^{*2} = \frac{1}{t}\sum_{t=1}^{T}\mu_{it}^{*2}, \tilde{\sigma}_{NT}^2 = \frac{1}{N}\sum_{i=1}^{N}\hat{L}_{11i}^{-2}\tilde{\sigma}_i^2, \hat{L}_{11i}^2 = \frac{1}{T}\sum_{t=1}^{T}\hat{\eta}_{it}^2 + \frac{2}{T}\sum_{s=1}^{k_i}\left(1 - \frac{S}{k_i+1}\right)$

$\sum_{t=S+1}^{T}\hat{\eta}_{it}\hat{\eta}_{i,t-s}$

上述 7 个统计量都符合标准正态分布。由于在运用 OLS 进行面板模型估计时，如果回归统计量存在内生性，将使得估计统计量不具有超一致性。Pedroni（1996）指出 FMOLS 通过对协整回归模型中的残差进行非参数变化修正异方差动态模型中的协整关系的估计和推断。Kao 和 Chiang（2000）指出在面板协整回归模型中，FMOLS 比传统的 OLS 回归方法更能有效地修正模型存在的内生性和序列相关性。

二 数据说明

实证检验所采用的数据主要包括省际农业资本投入量 $x_{i,t}$ 与省际农业经济增长 $y_{i,t}$。其中，省际农业资本投入量已经通过前文的估算获得，省际农业经济增长统计数据可以通过中国经济信息网提供的分省统计年鉴资料获得。为了考虑到数据的可比性，本书将省际农业 GDP 按照分省 GDP 缩减指数进行了缩减。在对地区农业资本投入运行进行实证之前，我们先做一些初步的经验观察，以便了解省际农业资本投入 $x_{i,t}$ 与农业产出 $y_{i,t}$ 之间关系的大致轮廓。首先，计算出 1978—2006 年，省际农业资本投入的均值与省际农业平均产出。进一步将两个均值分别配对绘制散点图，以便直接显示二者之间的关系。容易发现，省际农业资本投入与省际农业产出之间存在较为明显的正相关关系。这些初步的经验分析表明，省际农业资本投入 $x_{i,t}$ 与省际农业产出 $y_{i,t}$ 之间表现出了较为明显的一致性。需要指出的是，本节面板数据的处理均采用 Eviews 6.0 Beta 进行。

三 检验结果

首先检验变量的平稳性，若各变量为同阶单整，可以通过检验变量间的协整性以检验变量间的长期均衡关系。为了更加清晰地判断省际农业资本投入与农业经济增长序列数据在进行单位根检验时，是否选择趋势项和常数项，运用 Eviews 6.0 Beta，我们将两个变量的序列数据的纵剖面进行了处理，结果显示两个变量的面板序列数据均存在明显的趋势项和常数项。

（一）模型设定检验

在建立面板数据模型之前，按照面板计量检验的基本理论，需要首先检验面板数据模型的类型，是属于随机效应还是固定效应。为了确保检验的有效性，我们同时采用两种方法进行比较，即 Hausman 检验和 LM 检验。检验结果见表 4-8。

表 4-8　　　　省际农业资本投入的面板类型识别检验

	全国	东部	中部	西部
Hausman 检验	86.55	61.90	45.03	58.88
P - Value	0.0000	0.0000	0.0000	0.0000
LM 检验	36.23	28.55	21.15	31.64
P - Value	0.0000	0.0000	0.0000	0.000

检验结果显示，无论是 Hausman 检验还是 LM 检验，均拒绝了原假设，因此，我国农业资本投入的面板模型应该选择随机效应模型。由于面板计量检验结果支持了随机效应模型，因此，我们采用的面板计量模型为：

$$y_{i,t} = c + \mu_i + \beta x_{i,t} + \varepsilon_{i,t}$$

（二）面板单位根检验

为了避免因检验方法本身的局限而对检验结果带来的负面影响，本书将同时采用 LLC 检验、IPS 检验、Breituing 检验、ADF-F 检验和 PP-F 检验这五种方法进行单位根检验。由于 $\ln y_{i,t}$ 和 $\ln x_{i,t}$ 两个变量的水平值均含有截距项和时间趋势项，因此对其进行单位根检验时所选取的也就是包含了截距项和时间趋势项的检验模型。这些变量在经过差分变换后，也表现为包含截距项和含时间趋势项，因此对其一阶差分进行单位根检验时，也选取了含截距和时间趋势项的检验模型。考虑到样本时序区间的限制，对于检验模型滞后期数的选择是在设定最大滞后期数为 5 的范围内，根据的 AIC 准则与 SC 准则来选取。单位根检验的结果见表 4-9。

表 4-9　　　　　　　　　　面板单位根检验结果

	LLC 检验	Breituing 检验	IPS 检验	ADF-F 检验	PP-F 检验
$y_{i,t}$	6.13691 (1.0000)	8.00482 (1.0000)	13.6833 (1.0000)	48.3294 (0.8603)	14.773 (1.0000)
$x_{i,t}$	1.56867 (0.9416)	6.04498 (1.0000)	2.54193 (0.9945)	45.4890 (0.9173)	28.7203 (0.9998)
$y_{i,t}(2)$	-10.1346** (0.0000)	-2.73130** (0.0032)	-19.8971** (0.0000)	477.559** (0.0000)	1276.14** (0.0000)
$x_{i,t}(2)$	-22.1265** (0.0000)	-8.92943** (0.0000)	-24.0833** (0.0000)	521.943** (0.0000)	1957.04** (0.0000)

注：(1) **、* 分别表示在 5% 和 1% 的显著性水平上显著；(2) (2) 表示该变量的二阶差分。

由表 4-9 提供的面板单位根检验结果可知，由分省的农业资本投入与农业经济增长所构成的面板数据，LLC 检验、Breituing 检验、IPS 检验、ADF-F 检验以及 PP-F 检验均拒绝了不存在单位根的零假设，即省际农业资本投入与农业经济增长均是非平稳的。通过对变量进行二阶差分，LLC 检验、Breituing 检验、IPS 检验、ADF-F 检验以及 PP-F 检验均无法拒绝不存在单位根的零假设，即使变量的二阶差分结果显示均存在单位根。另外，使用 Hari 的平稳检验，Hadri 的 LM 统计量也拒绝了面板数据不存在单位根的零假设。综合上述检验结果，分省的农业资本投入与农业经济增长二阶差分结果是存在单位根的随机过程。

（三）面板数据协整检验

为了避免虚假回归以便更好地分析农业资本投入与农业经济增长长期均衡性，需要进行面板的协整检验。这里我们采用 Pedroni 检验进行。白仲林（2007）指出为了避免伪回归，可以采用基于 Fisher 面板数据的 EG 两步法讨论农业资本投入与农业经济增长之间的长期均衡关系。Kao（1999）和 Pedroni（1999，2002）提出了同质面板和异质面板数据协整性检验讨论面板数据协整性的检验理论与方法。下面将综合采用上述检验方法对农业资本投入与农业经济增长之间的长期均衡关系进行检验。

表 4-10　　　　　　　　　　面板协整检验结果

Kao 检验		Pedroni 检验			
ADF_t	prob.	AIC	SC	$Z_{\hat{t}_{NT}}$	$Z_{\hat{\rho}NT-1}$	$\tilde{Z}_{\hat{\rho}NT-1}$
-5.1862	0.0000	-6.1589	-5.9854	-549.58** (0.0000)	-289.54** (0.0000)	-49.55** (0.0000)

从表 4-10 提供的面板协整检验结果可以看出，对于两组变量的协整关系的检验，均在 1% 的显著水平上拒绝了"不存在协整关系"的原假设，即两组变量间存在均衡稳定的长期关系。应该说，这种检验结果与我国省际农业资本投入促进农业经济稳定增长的经济现实是高度一致的。

第五节　本章小结

本章旨在对农业资本投入情况进行实证研究，包括全国农业资本投入以及分省农业资本投入量，以便获取农业资本投入与农业经济增长之间关系的经验支撑。具体研究思路按照两条途径展开，一条是宏观农业资本投入运行的实证研究，另一条是省际农业资本投入运行的实证研究。前者通过构建基于农业经济波动 g_Y、农村金融发展 g_F、农业资本投入增长率 g_K 与农业技术进步率 g_A 的 AKF 模型，采用 1978—2006 年的样本序列数据，运用向量自回归模型（VAR）、脉冲响应函数（IRF）以及格兰杰因果关系检验（Granger Causality Test），实证分析了农业经济波动 g_Y 与技术进步率 g_A、资本投入增长率 g_K 和农村金融发展 g_F 之间的相互影响及相互作用。研究认为：我国农业经济波动是农业资本投入、农业技术进步与农村金融发展波动的综合作用结果，其中，既包括供给因素，也包括需求因素。农业资本投入波动可以在较短的时间内引起农业经济波动，且波幅较大，而技术冲击则从更长的时期内对农业经济波动产生影响。尽管农业技术进步、农业资本投入和农村金融发展波动都是农业经济增长波动的影响因素，但其贡献度不同，脉冲响应函数表明：资本投入波动是经济增长波动的主要影响因素，农村金融发展次之，而技术进步引致的经济波动则更为平缓和持久。此外，农村金融发展、农业技术进步与农业经济波动的单向因果关系则表明实际上也暗含着需要加强国家的宏观调控来促进农村金融发展与农业技术进步，并保持农村金融发展、农业技术进步与农业经济增长相协调的推论。后者的实证检验通过构建面板数据，运用面板单位根和面板协整检验的基本原理，对省际农业资本投入与农业经济增长进行实证检验，通过对变量进行二阶差分，LLC 检验、Breituing 检验、IPS 检验、ADF – F 检验以及 PP – F 检验均无法拒绝不存在单位根的零假设，即使变量的二阶差分结果显示均存在单位根。对于两组变量的协整关系检验，均在 1% 的显著水平上拒绝了"不存在协整关系"的原假设，即两组变量间存在均衡稳定的长期关系。

本章经验分析所蕴涵的启示是：认清我国农业经济增长中的波动现象，把握其内在规律，对经济波动进行适时而有效的调节，使波动中"上升"与"下降"的幅度较为平缓，"波峰"与"波谷"的落差较小，较好地抑制农业经济增长波动的"负效应"，实现农业经济健康快速增长，客观上要求控制农业资本投入、技术进步与农村金融发展的初始冲击，实现农业资本投入、农业技术进步及农村金融发展与农业经济增长的相互协调发展。考虑到短期内农业资本投入容易造成农业经济大幅波动，因此需要注意区分投资的来源，在处理好中央政府和地方政府之间博弈关系的同时，对于政府主导的公共投资与市场主导的私人投资要积极采用必要的调控机制，有效约束地方政府因追求政绩而盲目扩张的动机，防止"一放就乱，一收就死"的大起大落现象重演。从农村金融发展角度看，应明晰农户金融需求的前提下，强化农村金融发展的内生性，从农户金融需求角度重构农村金融服务体系，最终实现农村金融发展的供需平衡。从更长的时期看，应借鉴美国发展"新经济"的基本经验，作为政策制定者要从宏观和微观层面顺应并利用农业科技创新的基本规律，建立健全农业科技创新政策，完善农业科技创新机制，加强对农业技术创新的宏观调控与管理，弱化农业技术进步带来的反向冲击（例如，避免美国技术冲击条件下引发的股市泡沫膨胀和破裂），在深刻认识农业技术创新波动规律的基础上，强化农业技术创新对经济波动的正向作用和修正机制，将农业经济发展稳定且可持续维持在较高的增长水平，从而形成保证农业经济平稳运行的长效机制。

第五章 农业资本投入效率及其区域差异

第一节 问题的提出与背景

近年来，随着"三农问题"在国家战略层面上越来越受重视，农业经济增长的经验研究逐渐成为学术研究的热点问题。值得注意的是，其中大部分文献实际上都暗含着这样一个假定：所有的农业生产活动都是有效率的，农业全要素生产率（Total Factor Productivity，TFP）的增长与资本投入、技术进步的增长是一致的。Grosskof（1993）曾明确指出，经济增长的源泉部分在于效率获益，而无效率存在的情况下，这种忽略效率差异的分析必将导致技术进步估计结果有偏。因此，在既定技术条件下生产前沿（Production Frontiers）进行估计，并将效率因素纳入农业资本投入的分析框架中就显得非常必要。近来，Kumar、Russell（2002）和 Los、Timmer（2005）等为代表的一组经济增长研究在与生产前沿估计相结合方面进行了尝试。这些研究借助数据包络分析（Data Envelopment Analysis，DEA）或随机前沿分析（Stochastic Frontier Analysis，SFA）来估算生产前沿，并将劳动生产率分解为技术追赶、技术进步和资本深化所引致的三大主因的全新尝试已受到越来越广泛的重视，并引起学术界越来越广泛的兴趣。尽管主流观点认为，与工业化发展的特征相似，我国农业经济增长是以粗放型经济增长为典型特征，而不是依靠技术进步和要素效率的改进增长模式。（林毅夫等，2007）从实证研究角度看，涂正革、肖耿（2006）等一些学者逐步尝试从宏观层面来测度农业经济的增长模式，然而却无法精确、细致地考察微观层次的农业资本投入资源配置效率的动态变化。事实上，农业资本投入效率从根本上决定了农业经济整体增长的素质。

在经验研究方面，Kalirajan、Obwona 和 Zhao（1996）研究了中国分省的农业全要素生产率变化及其源泉。Zhuobao Wei（2002）等人用 1993 年 1036 家特大型工业企业的数据通过生产率分解研究了中国经济的可持续性发展问题。王玲（2003）采用增长核算方法对我国 1978—2000 年的劳动生产力增长进行了实证研究，发现我国劳动生产率变动中有 45% 的归因于劳动力在产业间的流动。胡鞍钢与郑京海（2004）基于固定资产报酬的非参数模型，借助省际数据用 DEA – Malmquist 指数方法对 TFP 的增长率进行了分解。颜鹏飞等（2004）采用了非参数方法从技术进步与技术效率角度对中国经济 1978—2001 年间的生产率增长进行了研究。郭庆旺（2005）在分析比较了全要素生产率的 4 种估算方法的基础上，估算出我国 1979—2004 年间的全要素生产率增长率，并对我国全要素生产率增长和经济增长源泉做了深度分析。涂正革与肖耿（2005，2006）采用生产率指数增长核算方法，对 37 个工业行业的全要素生产率进行了研究，并结合随机前沿模型方法，将全要素生产率的增长分解为技术进步、技术效率的改善、规模经济和要素的配置效率改进 4 个部分。显然，上述研究文献与研究方法选取的重点都放在对全要素生产率的分解上。概括起来，从方法体系上看，大致可以分为 3 种：生产率指数法、参数前沿方法和非参数前沿方法。生产率指数法的优点是简单、易于计算，但该方法所进行的增长核算的背后所包含的规模报酬不变以及完全竞争等假设，将全要素生产率都归因于技术进步的贡献，没有考虑生产者技术上与前沿效率之间的差距，因此具有较强的局限性。参数前沿方法的缺点在于模型的函数形式，包括技术是否中性、技术非效率是否存在、规模报酬、动态变化等假定可能限制数据与模型的匹配效率。而 DEA 线性规划的非参数方法摒弃了对可能具有的生产前沿函数的先验性假定，而直接根据投入与产出的数据集来确定最佳实践生产前沿面更逼近经济事实，如杨文举（2006）、Timmers（2006）等。为了避免数据估算可能的偏误降低生产前沿的准确性，本章采用跨期的数据集来确定最佳生产前沿。基于上述分析，本章将采用非参数方法，对全国以及省际农业资本投入效率进行测算，以期深入探索农业经济增长与农业生产效率提高的内在动力机制，为从更深层次寻求农业资本投入促进农业经济增长的作用机理提供经验支撑。值得指出的是，本章数据处理均采用 Matlab 7.0 编程并配合 Deap 2.1 软件进行。

第二节 农业资本投入效率的测算原理

借鉴涂正革、肖耿（2006）等的做法，在最佳实践生产前沿确定过程中，假设经济系统投入两种要素资本 K、劳动力 L，产出为 Y，且满足规模报酬不变。此时，参照技术可以简化为两维空间来描述 (y, x)，$y = Y/L$ 表示劳动生产率，$x = K/L$ 表示人均资本投入量，用来衡量农业资本投入水平。显然，人均资本资本投入 x 越大，则表示农业资本投入水平越高。给定投入 x^t，实际产出 y^t 与在参照技术 S^t 下可能达到的最大潜在产出 $\bar{y}_t(x^t)$ 的比率就是该生产的技术效率 $D_0^t(x^t, y^t)$，定义 $D_0^t(x^t, y^t)$ 为产出距离函数，即：

$$D_0^t(x^t, y^t) = \frac{y_t}{\bar{y}_t(x^t)} \tag{5.1}$$

距离函数 $D_0^t(x^t, y^t)$ 既衡量了生产者的技术效率，同时也暗含了给定投入的前沿技术结构，即给定一个组的投入，在前沿技术结构条件下就可以得到相对应的潜在最大产出。在 t 期的参照技术 S^t 下，实际产出、潜在产出与 $D_0^t(x^t, y^t)$ 之间的数量关系亦可表示为：$\bar{y}_t(x^t) = y^t/D_0^t(x^t, y^t)$。同理，在参照技术 S^{t+1} 约束条件下，$t+1$ 期要素投入的潜在最大产出即可定义为：

$$\bar{y}_{t+1}(x^t) = \frac{y^{t+1}}{D_0^{t+1}(x^{t+1}, y^{t+1})} \tag{5.2}$$

根据 Farrell 对产出型技术效率的定义：在给定技术结构特征和要素投入条件下实际产出与最大产出的比例。作为同期产出距离函数，t 期的生产 $\{x^t, y^t\}$ 属于 t 期的生产可行集 S^t 的倒数恰好是产出型技术效率。按照 Shephard 提供的算法思路，相对于参照技术 S^t，生产者在 t 期的产出距离函数又可以改写为：

$$D_0^t(x^t, y^t) = \min_k [\kappa : (x^t, y^t/\kappa) \in S^t] = \{\max_\theta [\theta : (x^t, y^t\theta) \in s^t]\}^{-1} \tag{5.3}$$

Shephard 产出距离函数定义了在给定投入 x^t，产出向量 y^t 在技术 S^t 的范围内能够扩张的最大比例的倒数。求解式（5.3）中最小化所得到的目标函数 κ 表示给定投入 x^t 下实际产出最大产出的比率，即为技术效率。式（5.3）求解最大化得到的目标函数值 θ 表示实际产出向量相对于所参照的技术前沿能够扩张的最大比例,其倒数值即为技术效率值。为了更好地利用 Malmquist 生产率的思想,下面定义用 t 时期的生产技术作为参照衡量 $t+1$ 期生产 (x^{t+1}, y^{t+1}) 效率的产出距离函数:

$$D_0^t(x^{t+1}, y^{t+1}) = \{\max_\theta[\theta:(x^{t+1}, y^{t+1}\theta) \in s^t]\}^{-1} \tag{5.4}$$

这个距离函数描述了 $t+1$ 期的投入 x^{t+1},参照 t 期的技术前沿 S^t,y^{t+1} 所能够扩展的最大比例的倒数。当技术沿向上大幅推进,生产点 (x^{t+1}, y^{t+1}) 可能在第 t 期生产前沿面的外部,那么该距离函数衡量的技术效率值就大于 1。依据 Caves、Christensen 和 Diewert(1982)等提出的产出型、生产率 Malmquist 指数算法,Fare(1994)予以拓展并采用非参数线性规划方法测算距离函数。依据固定规模的技术前沿定义,需要确定下属 4 个与生产率变化有关的产出距离函数值:$D_0^t(x^t, y^t)$、$D_0^{t+1}(x^t, y^t)$、$D_0^{t+1}(x^{t+1}, y^{t+1})$、$D_0^t(x^{t+1}, y^{t+1})$。在固定的规模报酬的技术 S^t 下,生产者 $(x^{k,t}, y^{k,t})$ 在 t 期的产出型距离函数。

$$(D_0^t(x^{k,t}, y^{k,t}))^{-1} = \max_{\theta^k, z^{k,t}} \theta^k$$

$$st: \theta^k y^{k,t} \leq \sum_{k=1}^{K} z^{k,t} y^{k,t}, x^{k,t} \geq \sum_{k=1}^{K} z^{k,t} x^{k,t}, z^{k,t} \geq 0, \forall k \tag{5.5}$$

同理,距离型函数 $D_0^{t+1}(x^{t+1}, y^{t+1})$ 的测算与上述相同,仅仅将 t 换成 $t+1$。跨期距离函数参照技术与生产活动不属于同一时期,用 t 期的参照技术评价 $t+1$ 期生产的效率,其距离函数为:

$$(D_0^t(x^{k,t+1}, y^{k,t+1}))^{-1} = \max_{\theta^k, z^{k,t}} \theta^k$$

$$st: \theta^k y^{k,t+1} \leq \sum_{k=1}^{K} z^{k,t} y^{k,t}, x^{k,t+1} \geq \sum_{k=1}^{K} z^{k,t} x^{k,t}, z^{k,t} \geq 0, \forall k \tag{5.6}$$

在产出距离函数算法的分析框架下,生产者在 $t+1$ 期劳动生产率的比率可以用距离函数和潜在产出来表达:

$$\frac{y^{t+1}}{y^t} = \frac{D_0^{t+1}(x^{t+1}, y^{t+1})}{D_0^t(x^t, y^t)} \times \frac{\bar{y}_{t+1}(x^{t+1})}{\bar{y}_t(x^t)} \tag{5.7}$$

容易发现,式(5.7)左边劳动生产率比率 $\left(\frac{y^{t+1}}{y^t}\right)$ 表示为右边两个时期生产效率比例 $\left(\frac{D_0^{t+1}(x^{t+1}, y^{t+1})}{D_0^t(x^t, y^t)}\right)$ 与潜在最大产出比率 $\left(\frac{\bar{y}_{t+1}(x^{t+1})}{\bar{y}_t(x^t)}\right)$ 的乘积。为了避免参照基准选择而造成的测算差异与对劳动生产率分解路径选择的随意性,参照 Caves(1982)以及 Fare(1994)等人取 t 期与 $t+1$

期两种分解路径所得指数的几何平均值的指数方法，分别构造 t 期的投入 x^t 为基准，以 $t+1$ 期的技术前沿 S^{t+1} 作为参照衡量要素投入变化对劳动生产率增长的效应：

$$\frac{y^{t+1}}{y^t} = \frac{D_0^{t+1}(x^{t+1}, y^{t+1})}{D_0^t(x^t, y^t)} \times \frac{\bar{y}_{t+1}(x^t)}{\bar{y}_t(x^t)} \times \frac{\bar{y}_{t+1}(x^{t+1})}{\bar{y}_{t+1}(x^t)} \tag{5.8}$$

和在 t 期参照技术 S^t 下 x^{t+1} 投入所能够达到的最大潜在产出：

$$\frac{y^{t+1}}{y^t} = \frac{D_0^{t+1}(x^{t+1}, y^{t+1})}{D_0^t(x^t, y^t)} \times \frac{\bar{y}_{t+1}(x^{t+1})}{\bar{y}_t(x^{t+1})} \times \frac{\bar{y}_t(x^{t+1})}{\bar{y}_t(x^t)} \tag{5.9}$$

参照 Caves（1982）以及 Fare（1994）等的指数构造法，取二者的几何平均数，于是可以得到：

$$\frac{y^{t+1}}{y^t} = \frac{D_0^{t+1}(x^{t+1}, y^{t+1})}{D_0^t(x^t, y^t)} \times \left[\frac{\bar{y}_{t+1}(x^{t+1})}{\bar{y}_t(x^{t+1})} \times \frac{\bar{y}_t(x^{t+1})}{\bar{y}_t(x^t)}\right]^{1/2}$$

$$\times \left[\frac{\bar{y}_{t+1}(x^t)}{\bar{y}_t(x^t)} \times \frac{\bar{y}_{t+1}(x^{t+1})}{\bar{y}_{t+1}(x^t)}\right]^{1/2} \tag{5.10}$$

为了更有效地实现对农业劳动生产率增长率的分解，需要对上式两边同时取对数，容易得到：

$$\ln\frac{y^{t+1}}{y^t} = \ln\left(\begin{array}{c}\dfrac{D_0^{t+1}(x^{t+1}, y^{t+1})}{D_0^t(x^t, y^t)} \times \left[\dfrac{\bar{y}_{t+1}(x^{t+1})}{\bar{y}_t(x^{t+1})} \times \dfrac{\bar{y}_t(x^{t+1})}{\bar{y}_t(x^t)}\right]^{1/2} \\ \times \left[\dfrac{\bar{y}_{t+1}(x^t)}{\bar{y}_t(x^t)} \times \dfrac{\bar{y}_{t+1}(x^{t+1})}{\bar{y}_{t+1}(x^t)}\right]^{1/2}\end{array}\right) \tag{5.11}$$

由于 $\bar{y}_t(x^t)$ 表示 S^t 技术约束条件下投入 x^t 的最大潜在产出，而 $\bar{y}_{t+1}(x^t)$ 表示 S^{t+1} 技术约束条件下投入 x^{t+1} 的最大潜在产出。潜在产出给分解结果的测算带来了困难。由前文的推理可知 $\bar{y}_t(x^{t+1}) = y^{t+1}/D_0^t(x^{t+1}, y^{t+1})$，$\bar{y}_{t+1}(x^t) = y^t/D_0^{t+1}(x^t, y^t)$，于是将劳动生产率增长率分解为经济意义不同但可以相加的三个部分，

假定 $LP_{GR} = \ln\dfrac{y_{t+1}}{y_t}$，则上式可以进一步整理成：

$$LP_{GR} = \ln\left(\frac{y^{t+1}}{y^t}\right) = \ln\frac{D_0^{t+1}(x^{t+1}, y^{t+1})}{D_0^t(x^t, y^t)} + \frac{1}{2}\ln\left[\frac{\bar{y}_{t+1}(x^{t+1})}{\bar{y}_t(x^{t+1})} \times \frac{\bar{y}_t(x^{t+1})}{\bar{y}_t(x^t)}\right]$$

$$+ \frac{1}{2}\ln\left[\frac{\bar{y}_{t+1}(x^t)}{\bar{y}_t(x^t)} \times \frac{\bar{y}_{t+1}(x^{t+1})}{\bar{y}_{t+1}(x^t)}\right]$$

$$= \ln \frac{D_0^{t+1}(x^{t+1}, y^{t+1})}{D_0^t(x^t, y^t)} + \frac{1}{2}\left[\ln \frac{D_0^t(x^t, y^t)}{D_0^{t+1}(x^t, y^t)} + \ln \frac{D_0^t(x^{t+1}, y^{t+1})}{D_0^{t+1}(x^{t+1}, y^{t+1})}\right]$$

$$+ \frac{1}{2}\left[\ln \frac{D_0^t(x^t, y^t)}{D_0^t(x^{t+1}, y^{t+1})} + \ln \frac{D_0^{t+1}(x^t, y^t)}{D_0^{t+1}(x^{t+1}, y^{t+1})}\right]$$

$$= TE_{GR} + TP_{GR} + K_{input} \tag{5.12}$$

其中，$LP = \ln(y^{t+1}) - \ln(y^t)$ 定义为劳动生产生产率增长率的近似值。容易发现，式（5.11）就将农业经济增长过程中的劳动生产率增长率分解为三部分：TE_{GR} 表示技术效率的增长效应（TE_{GR}）、技术进步效应（TP_{GR}）以及资本投入的劳动生产率增长效应 K_{input}。K_{input} 衡量了对于劳动生产率增长的贡献，实际上即农业资本投入效率。式（5.11）就是需要进行计量的理论模型。

第三节 农业资本投入效率的实证

一 数据来源及说明

与农业资本投入效率测算相关的数据主要涉及两组数据，一组是总量数据，另一组是分量数据。总量数据的目的在于测算全国农业资本投入效率，包括农业资本投入额、全国农业从业量、全国农业增加值；分量数据的目的在于测算全国分省农业资本投入效率，包括省际农业资本投入额、分省农业从业量以及分省农业增加值。其中，农业资本投入总额与分省农业资本投入已经在前文估算出来，从业人数与农业增加值的统计数据主要从《中国统计年鉴（1978—2007）》以及《建国五十周年统计资料汇编》上获得，数据的测算与分析均采用 Matlab 7.0 与 Deap 2.1 进行。

二 实证检验与结果

（一）全国农业资本投入效率测算

依据上述基本思路，运用 Deap 2.1 软件对全国农业资本投入效率以及三大经济区资本投入效率进行测算。由前文分析可知，K_{input} 衡量了资本投入对劳动生产率增长的贡献率。其中，资本投入是用人均资本投入表示的。显然，测算出来的 K_{input} 越大就表示资本投入的贡献率越高，也就是说资本投入效率就越高。效率测算依据本章分析的需要，还有一个重要研究目的，就是对三大经济区投入效率进行比较，以解释区域空间效率差异及其变化规律。因此,我们运用同样的原理与方法也对三大经济区的资本投入效率进行了运算。为了更加清晰地看出全国以及三大经济区资本投入效率的变化趋势,我们将测算数据处理成图 5-1。

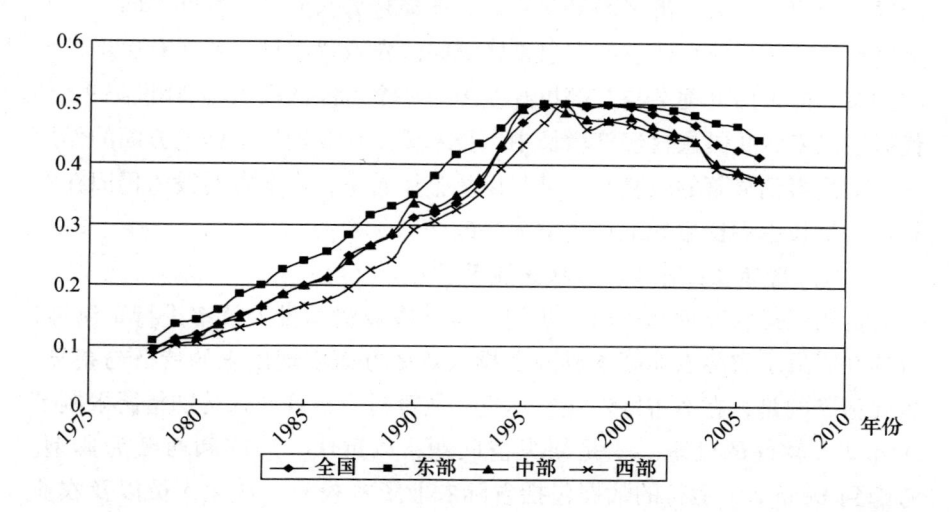

图 5-1 全国、三大经济区农业资本投入效率变化趋势图

从图 5-1 提供的变化趋势,容易发现如下几点结论:首先,我国农业经济增长属于典型的资本驱动型。(韩东林,2007) 1978—2006 年,全国、三大经济区的资本投入效率均得到了显著的增长与提高。考察 1978—2006 年资本投入效率的平均水平,其均值均在 0.3 以上,这实际上暗含着我国的农业增长属于典型的资本驱动型经济增长,资本投入对农业劳动生产率增长的贡献均在 35% 左右,东部最高均值达到了 40% 左右。尤其是 1995 年至今,无论是全国还是三大经济区的资本投入贡献率均在 40%。从资本投入的贡献程度看,东部最大,中部次之,西部最小,整体呈现明显的东高西低的规律与特征。值得注意的是 2000 年至今,我们发现西部地区农业资本投入的贡献度显著改善,几乎与中部持平,一个可行的解释可能与西部大开战略实施的运行效果密切相关,国家大量的资金投入到广大的西部基础设施建设方面,直接改善了工业和农业生产经营的状况。其次,从图 5-1 提供的变化趋势进行阶段划分,大致可以划分为两个阶段:20 世纪 90 年代中后期之前为第一阶段,之后为第二阶段。第一阶段之前,全国以及三大经济区均呈现典型的上升趋势,这表明 1978 年我国推行农村经济体制改革以来，农村生产力得到大幅度的释放，农业资本投入效率得到显著的改善与提高。区域间农业资本投入效率不断提升的同时，区域间资本投入效率差异也呈现缩小的特征。第二阶段则变化趋势趋异，全国与三大经济区均呈现明显的下降趋势，但下降幅度不同，且下降过程中，一个值得注意的现象是区域间的农业资本投入效率有逐步扩大的势头，即中西部逐渐与东部拉开差距。一个可能的推论是20世纪90年代后期以来，我国农村经济增长中，技术要素在驱动经济增长方面的作用和重要性得到显著的改善和提升。但从整体看来，农业资本投入仍旧在农村经济增长中占据主导地位仍旧无法改变。

（二）省际农业资本投入效率测算

运用同样的原理和方法，我们对省际农业资本投入效率进行了测算，目的在于揭示省际农业资本投入在投入效率方面表现出来的特征与差异。需要指出的是，在对省际农业资本投入核算时，出现两种特殊情况限制了Deap 2.1软件的处理。一是缺失值问题，以重庆、海南和西藏为典型。考虑到Deap 2.1运行的数据包括省际农业资本投入、从业人员以及农业经济增加值，本书的处理方法是截取三个变量均满足的年度运行软件，其中，重庆的测算结果以1997年为初始年，海南以1990年为初始年，西藏以1992年为初始年。二是数据为负问题。Deap 2.1软件运行数据对象要求为正数，由于本书采取的统一口径的省际农业资本投入估算结果中极少数年份出现了负数（该现象在已有估算文献中也出现）。为了运算的顺利进行，本书的处理方法是将极少数负数用前后相邻5年内的资本投入均值予以替代，显然这种处理方法是不得已而为之的。可以预见，这种处理方法对整体估算结果影响甚微。典型年度运算结果见表5-1。

表5-1　　　　　　　　　农业劳动生产效率测算表

地区 \ 年份	1978	1980	1985	1990	1995	2000	2002	2005	2006
北　京	0.041	0.045	0.130	0.321	0.529	0.561	0.602	0.672	0.700
天　津	0.530	0.575	0.635	0.672	0.692	0.694	0.697	0.699	0.700
河　北	0.096	0.123	0.208	0.359	0.700	0.611	0.578	0.515	0.506
山　西	0.099	0.112	0.216	0.371	0.631	0.657	0.697	0.664	0.412
内蒙古	0.041	0.039	0.116	0.244	0.565	0.048	0.020	0.005	0.004

续表

年份 地区	1978	1980	1985	1990	1995	2000	2002	2005	2006
辽 宁	0.700	0.595	0.523	0.473	0.452	0.386	0.272	0.167	0.155
吉 林	0.110	0.125	0.242	0.487	0.662	0.681	0.686	0.698	0.700
黑龙江	0.099	0.132	0.178	0.330	0.592	0.603	0.652	0.693	0.700
上 海	0.700	0.643	0.649	0.625	0.610	0.581	0.552	0.543	0.426
江 苏	0.063	0.087	0.181	0.328	0.669	0.657	0.609	0.470	0.453
浙 江	0.130	0.176	0.326	0.556	0.649	0.415	0.326	0.206	0.191
安 徽	0.197	0.238	0.512	0.623	0.697	0.692	0.686	0.238	0.252
福 建	0.181	0.225	0.366	0.523	0.700	0.456	0.368	0.575	0.699
江 西	0.247	0.318	0.447	0.606	0.687	0.681	0.665	0.627	0.619
山 东	0.127	0.171	0.318	0.463	0.671	0.664	0.616	0.504	0.487
河 南	0.089	0.127	0.237	0.445	0.678	0.473	0.415	0.306	0.293
湖 北	0.237	0.277	0.526	0.700	0.654	0.651	0.649	0.433	0.417
湖 南	0.100	0.135	0.246	0.466	0.653	0.665	0.671	0.698	0.700
广 东	0.100	0.135	0.246	0.466	0.653	0.665	0.671	0.698	0.700
广 西	0.041	0.057	0.103	0.234	0.550	0.627	0.652	0.691	0.700
海 南	0.000	0.000	0.000	0.116	0.323	0.472	0.539	0.699	0.700
重 庆	0.000	0.000	0.000	0.000	0.000	0.027	0.046	0.057	0.060
四 川	0.150	0.179	0.265	0.391	0.547	0.616	0.634	0.690	0.700
贵 州	0.038	0.048	0.098	0.195	0.438	0.517	0.533	0.666	0.700
云 南	0.045	0.054	0.097	0.227	0.370	0.485	0.510	0.653	0.700
西 藏	0.000	0.000	0.000	0.000	0.700	0.153	0.088	0.049	0.043
陕 西	0.304	0.347	0.488	0.603	0.687	0.698	0.691	0.668	0.664
甘 肃	0.028	0.034	0.069	0.134	0.232	0.407	0.452	0.647	0.700
青 海	0.122	0.165	0.259	0.435	0.679	0.683	0.680	0.598	0.536
宁 夏	0.160	0.220	0.406	0.539	0.668	0.683	0.472	0.234	0.190
新 疆	0.139	0.197	0.326	0.508	0.700	0.629	0.611	0.512	0.508

依据表5-1提供的测算结果容易发现如下几点特征：第一，总体上而言，省际农业资本投入自1978年以来均呈现大幅度提升的显著特征。第二，从总体上看，省际农业资本投入效率大致也可以分为两个阶段，即20世纪90年代中后期之前是一个阶段，之后为另一阶段。接下来，本节

将研究重点集中在农业资本投入效率的区域差异上来。

第四节 农业资本投入效率的区域差异

一 区域差异测算理论基础

区域差异问题一直是地理经济学家以及政府经济管理者们所共同关注的问题之一。改革开放以来,中国的经济总量发展举世瞩目,然而地区差距问题也已经成为一个不可回避的现实问题。若要保持中国农业经济又好又快增长,客观上必然要求关注农业资本投入效率差异问题,把保持省际农业资本投入效率协调发展放在农业经济增长的重要位置。在第四章的计量分析中,容易发现改革开放以来,随着城乡统筹发展进程的深入推进,国家对农业发展的重视程度不断提高,农业资本投入无论在量上还是质上均得到了显著的改善和提高。但是,不容忽视的是,我国农业经济发展过程中存在的问题依然非常突出,典型问题就是农业经济发展区域持续差异扩大,众多的研究成果有力地支撑了上述研究结论。(中科院地理科学与资源研究所研究报告,2005)容易引发的思考是,农业资本投入效率在三大经济区以及不同省区之间是否也存在同样的规律和现象呢?这构成了下文需要揭示的重要问题。

一般而言,研究区域差异的方法很多,特别是 20 世纪 90 年代以来,越来越多的学者开始采用不同的研究方法关注区域差距问题。Long Gen Ying (1999)、Kim (2001)、Masahisa (2001) 等分别采用 Theil 指数对中国不同时段的区域差异问题进行分解。Yehua Wei、Loyons、Jian Chen 等分别采用变异系数和加权变异系数研究了中国不同时期区域差异变化特征,发现中国区域差异的变化具有明显的阶段性规律。Ravi Kanbur 等采用综合熵 (GE) 指数研究了中国 1983—1995 年城乡差距与内地差距的演变。Kai Yun Tsui (2004) 采用 Atkinson 指数研究了中国 1952—1985 年区域差异的变化,认为此期间省际差异并未扩大。Scott Rozelle 等通过对基尼系数进行分解,发现中国工业化是中国区域差异扩大的主因。Martin 采用基尼系数和综合熵指数对中国 1985—1990 年的区域差异进行研究,认为不同方法在测算的差距扩大的程度不同。Ahtar Hussain 等采用基尼系数、变异系数和 Atkinson 指数对中国区域差异进行空间和因子分解,认为省内差异是国家区域差异的主因。而 Joha Knight（1993）等则通过采用 Theil 指数的空间分解和基尼系数的因子分解，认为省与省之间的差距远大于省内各县之间的差距。Chen 等运用索罗增长模型，发现 1978—1993 年中国各省之间的人均 GDP 的增长是条件收敛的。除了国外的众多学者的研究之外，国内较多的学者也对区域差异问题进行了指标研究与分解。尤其值得指出的是陈秀山（2004）、刘慧（2006）等综合采用了基尼系数、变异系数、Theil 指数等对中国区域差异问题进行了比较研究，得出了一般性的结论，以实证比较认为上述众多的指数在揭示差异的演变规律方面是相似的。受上述研究的启发，本书将采用较常使用的 Theil 指数与 M 指数对我国三大经济区以及省际农业资本投入效率差异变化趋势进行研究。

泰尔指数（Theil Index）或者熵标准（Theil's Entropy Measure）作为衡量个人之间或者地区间收入差距（或者称不平等度）的指标，并经常被使用。泰尔熵标准是由泰尔（Theil，1967）利用信息理论中的熵概念来计算收入不平等而得名。这一指数在后来的研究中也被广泛应用于其他方面的差异性研究。其公式为：

$$Theil = \frac{1}{N} \sum_{i \in N}^{n} \left(\frac{y_i}{\mu}\right) \ln\left(\frac{y_i}{\mu}\right) \tag{5.13}$$

其中，N 表示地区的数量，μ 为各地区农业资本投入效率的均值，y_i 表示省际农业资本投入效率。此外，本书还采用对数离差均值进行测算。反映省际农业资本投入效率差异的对数离差均值公式为：

$$M = \frac{1}{N} \sum_{i \in N} \ln \frac{\mu}{y_i} \tag{5.14}$$

其中，μ 表示省际农业资本投入的均值，y_i 表示 i 省农业资本投入效率水平。

二 区域差异测算结果分析

依据第四章测算的数据结果，运用上述区域差异的测算指数，对我国省际农业资本投入效率差异进行测算。测算结果见表 5-2。

为了更加清晰地看出运用综合指数测算的三大经济区资本投入效率的变化趋势，将表 5-3 中的测算结果处理成图 5-2、图 5-3。

首先分析三大经济区农业资本投入效率的变化趋势。通过运用指标包括 Theil 指数与 M 指数显示出三大经济区农业资本投入效率非常一致的变

表 5-2　　　　　　　　　区域与省际资本投入效率差异

时间	三大经济区域差异 Theil 指数	M 指数	省际差异 Theil 指数	M 指数
1978	0.027	1.0135	0.144	0.2955
1979	0.036	1.0177	0.132	0.2724
1980	0.029	1.0140	0.123	0.2508
1981	0.012	1.0058	0.105	0.2116
1982	0.008	1.0042	0.094	0.1816
1983	0.006	1.0032	0.084	0.1588
1984	0.003	1.0016	0.078	0.151
1985	0.002	1.0012	0.066	0.1389
1986	0.002	1.0010	0.064	0.14
1987	0.001	1.0006	0.045	0.1058
1988	0.002	1.0009	0.015	0.0168
1989	0.010	1.0052	0.023	0.0271
1990	0.006	1.0024	0.03	0.0356
1991	0.021	1.0086	0.047	0.055
1992	0.023	1.0097	0.058	0.0691
1993	0.028	1.0117	0.066	0.0785
1994	0.032	1.0141	0.069	0.0825
1995	0.047	1.0201	0.073	0.0827
1996	0.056	1.0238	0.083	0.0938
1997	0.070	1.0309	0.107	0.1206
1998	0.076	1.0336	0.125	0.1409
1999	0.078	1.0341	0.134	0.1506
2000	0.087	1.0381	0.142	0.1582
2001	0.092	1.0412	0.161	0.178
2002	0.093	1.0402	0.203	0.2427
2003	0.090	1.0400	0.229	0.263
2004	0.102	1.0446	0.253	0.2695
2005	0.109	1.0487	0.293	0.307
2006	0.092	1.0399	0.343	0.3349

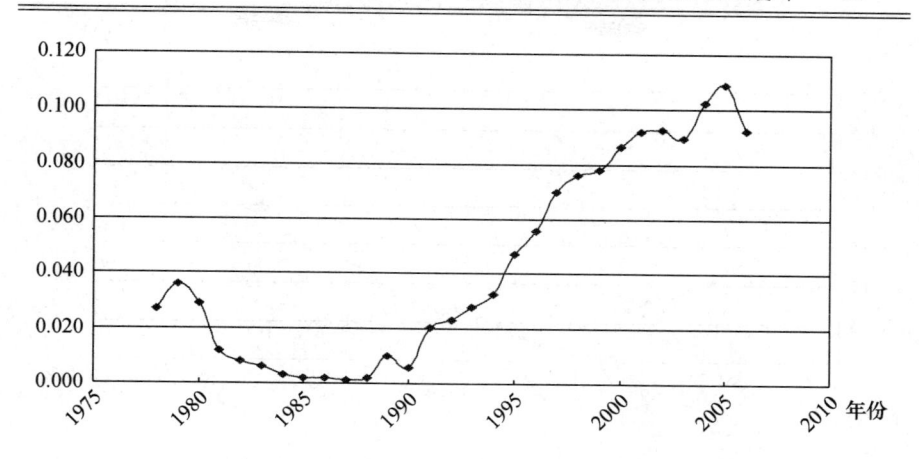

图 5-2 三大经济区 Theil 指数变化趋势图（1978—2006）

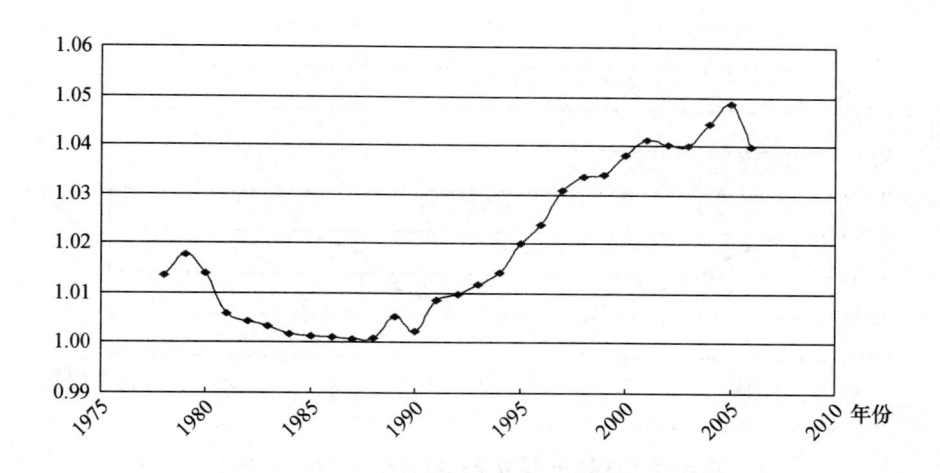

图 5-3 三大经济区 M 指数变化趋势图（1978—2006）

化趋势：三大经济区农业资本投入效率区域差异首先经历了一个整体下降的明显趋势，随后经历了逐步上升的趋势，从整体上看，无论是 M 指数还是 Theil 指数均大致经历了两个阶段：20 世纪 90 年代以前为第一阶段：本阶段的典型特征是三大经济区之间农业资本投入效率的区域差异呈现稳步缩小的特征。第二阶段为 20 世纪 90 年代至今：三大经济区之间农业资本投入效率的区域差异呈现稳步上升的趋势。这种区域间农业资本投入效率差异扩大化的特征值得重视。为了更加清晰地看出这种差异在省际的变化特征，需要进一步深入分析图 5-4 与图 5-5。

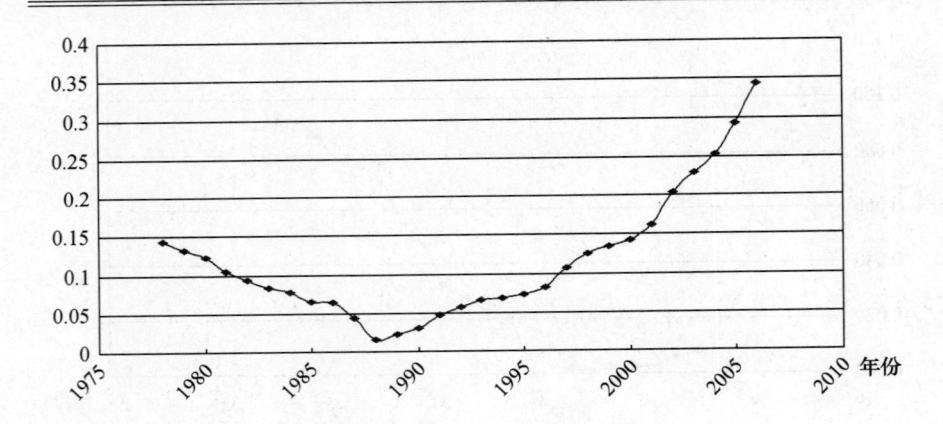

图 5-4　省际 Theil 指数变化趋势图（1978—2006）

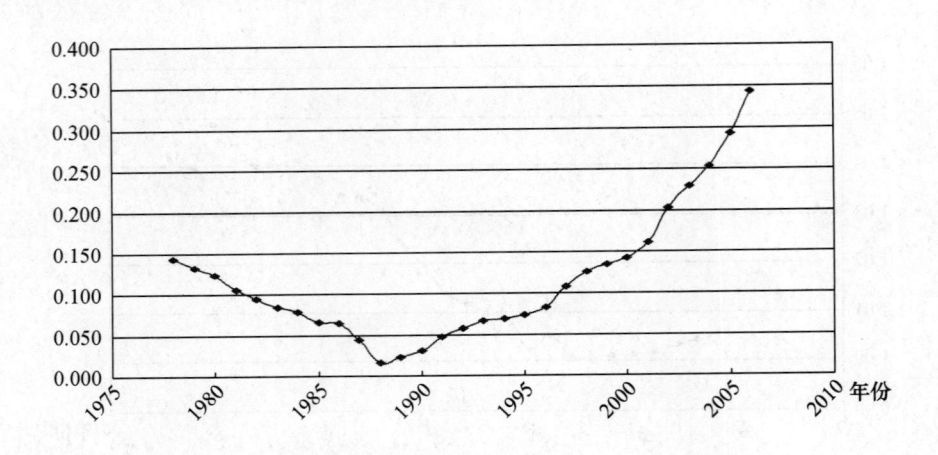

图 5-5　省际 M 指数变化趋势图（1978—2006）

图 5-4 和图 5-5 中显示的 Theil 指数值和 M 指数值的变化趋势表明，基于省际的农业资本投入效率差异变化大致可以在 1990 年左右划分为两个典型阶段：1978—1990 年前为第一阶段（Ⅰ），1991—2006 年为第二阶段（Ⅱ），整体呈现"U"形特征。阶段Ⅰ的典型特征为省际农业资本投入效率差异程度显著下降。这表明用 Theil 指数与 M 指数测量的省际农业资本投入效率差异在该阶段显著缩小。一个可能的解释是改革开放至 20 世纪 90 年代中期，农业经济发展在计划经济的桎梏中实现慢慢转型并逐步活跃起来，鉴于初始的资本投入起点较低，计划经济的滞后效应与国家均衡发展战略的延续，再考虑到非均衡的宏观经济发展战略实施的效

果还没有完全实现，阶段Ⅰ表现为省际农业资本投入效率差异整体呈现缩小趋势。阶段Ⅱ的典型特征是差异的持续扩大化，差异值的最高水平远远高于阶段Ⅰ的最高水平。用Theil指数和M指数衡量的结果表明，本阶段农业资本投入效率的省际差异水平得到了强化并不断扩大。本阶段差异持续化升高一方面是国家实施的非均衡发展战略（Unbalanced development strategy）密切相关，即沿海、延边经济得到迅速发展的工业经济极大的增加了对农业的资本性投入，大大提高了农业资本投入效率，这种趋势在21世纪初又得到了进一步强化和延续。如果考察三大经济区与省际的资本投入效率差异的水平，容易发现省际农业资本投入效率差异水平要明显高于三大经济区的水平。综上所述，分析三大经济区与省际农业资本投入效率的空间差异是异常复杂的。但是从整体上看，无论是Theil指数还是M指数均揭示了三大经济区与省际农业资本投入效率的空间差异自20世纪90年代至今均呈现持续扩大的趋势。显然，这种空间差异的持续扩大化应该引起足够的重视。

需要指出的是，为了更好地揭示我国农业资本投入效率与区域差异的规律和特征，最好办法是与世界先进国家农业资本投入效率的变化规律进行比较。遗憾的是对世界典型国家农业资本投入估算以及效率运算是一项异常复杂而富有挑战性的工作，尽管已经通过多种渠道收集了较为丰富的数据资料，但是与实现上述目标的要求之间尚有不小的距离。毫无疑问，这将成为本书重要的后续研究方向之一。

第五节 本章小结

本章将农业资本投入效率因素纳入农业经济增长分析框架中，采用DEA方法，运用相关数据资料，将研究重点集中在农业资本投入效率及其区域差异的实证检验上。研究发现：①我国农业经济增长属于典型的资本驱动型。1978—2006年间，全国、三大经济区的资本投入效率均得到了显著的增长与提高，整体上呈现东高西低的格局。整体上看大致可以划分为两个阶段：20世纪90年代中后期之前为第一阶段，之后为第二阶段。第一阶段之前，全国以及三大经济区均呈现典型的上升趋势，这表明1978年我国推行农村经济体制改革以来，农村生产力得到大幅度的解放，农业资本投入效率得到显著的改善与提高。第二阶段全国与三大经济区农业资本投入效率呈现下降趋势。一个可能的推论是20世纪90年代后期以来，我国农村经济增长中，技术要素在驱动经济增长方面的作用和重要性得到显著的改善和提升。三大经济区资本投入效率下降过程中效率差异有持续扩大的特征值得重视。从整体上看来，农业技术进步与农村金融发展对农业经济增长促进作用也不容忽视。②采用 Theil 指数与 M 指数测算的三大经济区与省际农业资本投入效率差异变化大致可以在1990年左右划分为两个典型阶段：1978—1990年前为第一阶段（Ⅰ），1991—2006年为第二阶段（Ⅱ），整体呈现"U"形特征。阶段Ⅰ的典型特征为资本投入效率差异显著的下降，表明三大经济区与省际农业资本投入效率差异在该阶段显著的缩小。阶段Ⅱ的突出特征是效率空间差异的持续扩大化，且本阶段差异的最高水平已经远远超过了阶段Ⅰ的最高水平。本阶段效率差异的持续扩大化一方面与国家实施的非均衡发展战略密切相关，即沿海、延边经济得到迅速发展的工业经济在壮大本地经济总量的同时又极大地辐射、带动了农业经济的发展，大大改善了农业资本投入效率。但是从整体上看，无论是 Theil 指数还是 M 指数均揭示了三大经济区与省际农业资本投入效率的空间差异自20世纪90年代至今均呈现持续扩大的趋势。显然，这种空间差异的持续扩大化是应该引起高度重视的。

第六章 农业资本投入效率区域差异的成因

第一节 引言与背景

依据农业资本投入的基本理论,若要保持中国农业经济又好又快增长,客观上要求关注农业资本投入效率的区域差异问题,把保持农业资本投入及其效率协调发展放在农业经济增长的战略优先位置。从实践角度看,改革开放以来,农业资本投入经历了一个投入规模不断扩大、投入效率不断提升的过程。尤其是随着城乡统筹发展战略的逐步落实,农业发展在国民经济中的地位不断提高,农业资本投入无论在量上还是质上均得到了大幅度的提高。然而,农业经济增长绩效与农业资本投入效率的高低与区域差异直接取决于农业资本投入的规模与结构。在农业资本投入总体规模偏低的前提条件下(众多的研究支持了该结论,本书引用了该结论),强调优先扩大农业资本投入规模的同时不断优化农业资本投入结构,具有非常重要而紧迫的意义。本章研究认为:农业资本投入效率的区域差异一方面与农业资本投入区域空间分布的非均衡性密切相关,农业资本投入的空间非均衡性直接导致了农业资本投入效率的区域差异。另一方面与农业资本形成的来源密切相关,大量的农业资金投入转化为农业资本,农业资金的来源和规模从根本上决定了农业资本投入的规模与效率。本章将沿着上述分析思路为农业资本投入效率的区域差异寻找原因,以揭示其运作机理。

第二节 农业资本投入效率的区域差异：
基于农业资本投入视角

显然，农业资本投入效率的区域差异与农业资本投入的区域空间分布特征密切相关。本节将从农业资本投入区域差异的视角展开，深入探索农业资本投入效率区域差异的成因机理。正是当前农业资本投入的区域空间分布不均衡的内在作用机制，加剧了农业资本的空间分布非均衡性的同时，并进一步强化了这种内在作用机制，最终引致农业资本投入效率的区域差异。因此，若要认清农业资本投入效率的区域空间差异，揭示农业资本投入效率区域差异的成因，客观上需要把握农业资本投入的区域空间分布特征，并深入探索影响农业资本投入空间分布的影响因素。只有明确了影响农业资本投入的内在因素，自然就可以通过平衡区域农业资本投入的空间作用机制，并把握农业资本投入的空间依赖性，最终通过改善区域农业资本投入的作用机制，均衡区域农业资本投入的空间布局，最终从根本上改善农业资本投入效率，缩小区域差异。

一 农业资本投入的全域空间自相关分析

探索农业资本投入的区域空间分布特征，需要检验其空间自相关性。检验变量之间的空间自相关的存在性，通常使用的有两个统计量，一是由Moran（1950）提出的空间自相关指数Moran I，二是由Geary（1954）所定义的Geary c。在实际的空间相关分析应用研究中，吴玉鸣（2004）指出由于Moran I 指数和 Geary c 指数的基本原理相同，而 Moran I 更为常用。因此，本书决定采用 Moran I 指数对农业资本投入的空间分布特征进行分析。Moran I 指数的计算公式如下：

$$\text{Moran I} = \frac{\sum_{i=1}^{n}\sum_{j=1}^{n}W_{ij}(Y_i - \bar{Y})(Y_j - \bar{Y})}{S^2 \sum_{i=1}^{n}\sum_{j=1}^{n}W_{ij}}, S^2 = \frac{1}{n}\sum_{i=1}^{n}(Y_i - \bar{Y}),$$

$$\bar{Y} = \frac{1}{n}\sum_{i=1}^{n}Y_i \tag{6.1}$$

其中，Y_i 表示第 i 地区的农业资本投入值，n 为省际总数，W_{ij} 为邻近空间权重矩阵（Spatial Weight Matrix），表示其中的任何一个元素。采用邻接标准或距离标准，其目的是定义空间对象的相互邻接关系，便于把地理信息系统（GIS）数据库中的属性放到所研究的地理空间上来对比。空间相关分析的关键是确定空间权重矩阵，一般有平均最短距离（1 倍）、2 倍和选取 6 个距离最近者作为定义邻近的标准，本节采用 1 倍距离标准。计算了 Moran 指数，其中，Moran I 指数的取值范围为 $-1 \leq I \leq 1$。若各地区的农业资本投入正相关，I 的数值就相对较大。若负相关，则 I 指数相对较小。具体到农业资本投入的区域差异上时，当农业资本投入在区位上相同也有相似属性值时，空间模式整体上就表现为正的空间相关性。而当在空间上邻接的目标区域数据特征具有明显的不相似属性值时，就表现为负的空间相关性；当变量之间的属性分布独立时，则显示出零空间自相关性。依据空间数据的分布可以计算正态分布 Moran I 的期望值：

$$En(I) = -\frac{1}{n-1}$$

$$Var(n) = \frac{n^2 w_1 + n w_2 + 3 w_0^2}{w_0^2 (n^2 - 1)} - E^2 n(I) \tag{6.2}$$

其中，$w_0 = \sum_{i=1}^{n} \sum_{j=1}^{n} W_{ij}$，$W_1 = \sum_{i=1}^{n} \sum_{j=1}^{n} (W_{ij} + W_{ji})^2$，$W_2 = \sum_{i=1}^{n} (w_{i\cdot} + w_{\cdot i})^2$，$w_{i\cdot}$ 和 $w_{\cdot i}$ 分别表示空间权重矩阵中的 i 行和 j 列之和。此时，运用如下的公式即可检验 n 各区域是否存在空间相关关系：

$$Z(d) = \frac{Moran\ I - En(I)}{\sqrt{Var(n)}} \tag{6.3}$$

依据上述基本原理，我们对省际农业资本投入的区域差异进行测算，计算结果及其检验见表 6 - 1。

表 6 - 1　　　　　省际空间依赖性的全域 Moran 指数检验值

时间	Moran I	$En(I)$	$Var(I)$	Z 值	P 值
1978	-0.0641	-0.0333	0.0214	-0.2022	0.0000
1979	-0.0513	-0.0333	0.0214	-0.1146	0.0000
1980	-0.0668	-0.0333	0.0214	-0.2207	0.0000
1981	-0.0586	-0.0333	0.0214	-0.1651	0.0000
1982	-0.0421	-0.0333	0.0214	-0.0522	0.0000
1983	-0.0223	-0.0333	0.0214	0.0834	0.0000

续表

时间	Moran I	$En(I)$	$Var(n)$	Z值	P值
1984	0.0054	-0.0333	0.0214	0.2724	0.0000
1985	0.0352	-0.0333	0.0214	0.4761	0.0000
1986	0.0466	-0.0333	0.0214	0.5540	0.0000
1987	0.0497	-0.0333	0.0214	0.7124	0.0000
1988	0.0509	-0.0333	0.0214	0.8570	0.0000
1989	0.0575	-0.0333	0.0214	0.9708	0.0000
1990	0.0686	-0.0333	0.0214	0.8413	0.0000
1991	0.0656	-0.0333	0.0214	0.6844	0.0000
1992	0.0726	-0.0333	0.0214	0.7323	0.0000
1993	0.0948	-0.0333	0.0214	0.8836	0.0000
1994	0.0573	-0.0333	0.0214	0.6271	0.0000
1995	0.0610	-0.0333	0.0214	0.4477	0.0000
1996	0.0514	-0.0333	0.0214	0.3139	0.0000
1997	0.0749	-0.0333	0.0214	-0.2765	0.0000
1998	0.0805	-0.0333	0.0214	-0.7246	0.0000
1999	0.0948	-0.0333	0.0214	-0.8223	0.0000
2000	0.1196	-0.0333	0.0214	-1.1286	0.0000
2001	0.1222	-0.0333	0.0214	-1.1464	0.0000
2002	0.1322	-0.0333	0.0214	-1.0096	0.0000
2003	0.1989	-0.0333	0.0214	-0.8507	0.0000
2004	0.1691	-0.0333	0.0214	-0.3047	0.0000
2005	0.1536	-0.0333	0.0214	-0.1305	0.0000
2006	0.1367	-0.0333	0.0214	0.2815	0.0000

表6-1中Moran I的检验均通过5%显著水平的检验，表明从1978年到2006年，随着我国经济的发展，全国31个省农业资本投入发展水平经历了负相关到正相关变化的两个明显的阶段。20世纪80年代中期以后，省际农业资本投入开始由负相关转入正相关，在分布上具有明显的正自相关关系和空间依赖性，具体表现为农业资本投入水平较高的省区和农业资本投入水平较高的省区相靠近，农业资本投入水平较低的省区与农业资本投入水平较低的省区相靠近。图6-1的变化趋势图也表明，中国31

个省、直辖市和自治区的农业资本投入量自 1985 年后在空间分布上具有明显的正自相关关系（空间依赖性），这说明全国各省区的农业资本投入量的空间分布并非表现出完全随机状态，而是表现出相似值之间空间集群，即中国的省际农业资本投入存在明显的集聚效应（Clustering Effects）。此外，正态假设条件下 Moran I 指数计算出来的 Z 统计量也可以看出这种集聚现象。需要指出的是，除了 1995 年左右以及 2005 年至今出现了短暂的下降趋势之外，基本上均呈现较为明显的上升趋势。由此可见，在 20 世纪 80 年代中后期至今，省际农业资本投入存在较为明显的空间集聚特征，且集聚过程中有轻微程度波动。省际农业资本投入分布呈现明显的"核心—外围"区域特征（Core – Periphery Regional Characteristics），其暗含的经济学含义即为：中国农业资本投入已经形成东部沿海为核心，以广大的中西部地区为外围的发展格局。

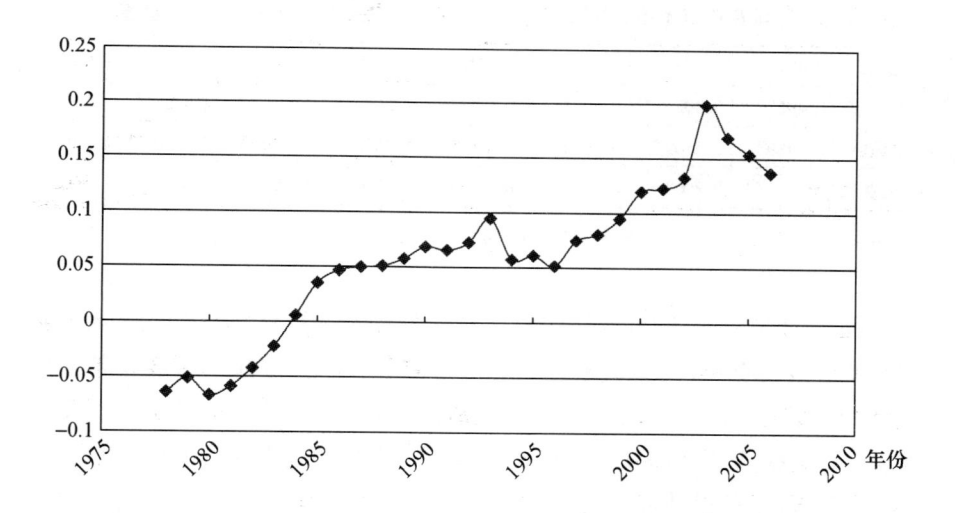

图 6 – 1　1978—2006 年资本投入空间关联 Moran I 值

二　农业资本投入影响因素的空间依赖

第一节的空间自相关实证检验结果表明，省际资本投入存在较强的空间集聚特征，这与农业资本投入效率的区域差异是内在一致的。接下来，需要解决的问题是，是什么原因导致了农业资本投入的空间集聚（Spatial Clustering）特征。因为找到了影响农业资本投入空间集聚的影响因素，才能找到影响资本投入效率区域差异的因素，也才能从根本上缓解农业资本投入的区域空间差异。依据经济学的基本理论，影响省际农业资本投入水平的因素是复杂的。既然省区农业资本投入具备空间集聚的特征，影响省际农业资本投入的因素也应该同样表现出空间集聚特征。同样，通过运用空间自相关系数，可以探索影响省际农业资本投入影响因素的区域特征。一般而言，农业资本投入效率的高低，取决于农业资本投入的规模和结构，包括国家农业财政资本投入、农业信贷资本投入以及农户自有资本投入。依据经济学的基本原理，考虑到数据的可得性，影响农业资本投入的主要因素包括：第一产业增加值（AGDP）、农业资本形成总额（AK）、农村人均纯收入（PIN）、农村金融发展水平（RFD）、乡镇企业数量（RQC）、地方财政收入水平（FIN）、农村受教育水平（UEL）与城镇化水平（UR）。检验结果见表6-2。

表6-2 省际农业资本投入影响因素的空间依赖性全域 Moran 指数检验值

变量	AGDP	AK	PIN	RFD	RQC	UR	FIN	UEL
1倍距离	0.4067**	0.3021**	0.5021**	0.3988**	0.2055**	0.2188**	0.4236**	0.2103*
2倍距离	0.3589**	0.2109*	0.4056**	0.1023*	0.1985*	0.1093*	0.3568**	0.0241
6倍距离	0.3211**	0.3009**	0.3987**	0.2003**	0.3011**	0.2254**	0.2449**	0.1002

注：**、*分别表示5%、10%的显著性水平。

表6-2提供了2006年影响省际农业资本投入的影响因素的 Moran 指数计算结果。Moran 指数的标准正态检验结果表示，所选的因素基本上都呈现出一定的空间自相关性。该研究结论所蕴涵的经济学含义是，不仅省际农业资本投入存在高度的空间自相关性，而且影响省际资本投入的因素也呈现出空间依赖性和集聚特征，二者之间呈现出显著的"合意性"（Desirability）。这从另外一个角度也说明了省际农业资本投入存在显著区域差异的内在驱动机制，即影响因素的空间集聚性内在驱动了省际资本投入的空间自相关性。这实际上意味着：落后地区若要缩小与先进地区农业资本投入效率之间的差距，就要充分重视省际农业资本投入的内在影响因素，包括农业资本形成总额、农村人均纯收入、农村金融发展水平、乡镇企业数量以及地方财政收入水平、城镇化水平等。通过处理好上述影响因素，从而矫正省际农业资本投入区域差异的内在机制，最终达到逐步缩小省际农业资本投入效率的区域空间差异、实现区域经济协调发展的战略

目标。

三 农业资本投入空间差异成因的实证检验

本章第一节从理论上揭示了农业资本投入效率空间分布差异的内在机理,并且借助 Moran 指数测算了区域农业资本投入影响因素的空间分布特征,即存在显著的空间自相关性。但是,农业资本投入的空间影响因素还缺乏经验数据的支撑。基于上述分析,本节将引入空间计量经济学分析方法,考虑到各影响因素的空间集聚效应,在多因素影响的分析框架内,探索省际农业资本投入的影响因素及其互相作用机制。借鉴林光平(2005)、胡霞(2007)等人的做法,将空间权值矩阵放到影响因素的考察过程中,进行对影响因素空间效应实施计量检验,以探索区域农业资本投入差异的根本原因,并为农业资本投入区域空间差异寻求经验支持。

（一）空间计量的基本原理

空间计量经济学（Spatial Econometrics）的基本思想是将地区间的相互作用关系引入计量经济分析模型,对基本线性回归模型通过一个空间权重矩阵 W 进行修正:

$$y = X\beta + \varepsilon \tag{6.4}$$

根据模型设定时对"空间"的体现方法不同,空间计量模型主要分成两种,如 Anselin（1998）：一种是空间滞后模型,主要是用于研究相邻机构或地区的行为,对整个系统内其他机构或地区的行为存在影响的情况：

$$y = \lambda W y + X\beta + \varepsilon \tag{6.5}$$

其中,W 是 $n \times n$ 阶的空间权重矩阵,即 n 个地区之间相互关系网络结构矩阵,Wy 为空间滞后因变量,λ 是空间自回归系数。空间权重矩阵中权数设定方式有相邻距离、有限距离和负指数距离权数等,其中依据相邻距离设定权数是一种最常用的空间权数,即当一个观测变量与另外一个观测变量有公共部分时,此时空间权重矩阵中对应的项目取 1,否则取 0。

另一种是空间误差模型（SEM）。这种模型中机构或地区间的相互关系通过误差项来体现。当机构或地区间的相互作用因所处的相对位置不同而存在差异时,则需要采用这种模型。具体而言,误差项的空间相关形式有两种基本的表达方式,模型形式如下:

空间误差自相关模型:

$$y = X\beta + \varepsilon$$
$$\varepsilon = \rho W\varepsilon + u$$
$$y = X\beta + (1 - \rho W)^{-1} u \tag{6.6}$$

空间误差移动平均模型：
$$y = X\beta + \varepsilon$$
$$\varepsilon = u - \theta Wu$$
$$y = X\beta + (1 - \theta W) u \tag{6.7}$$

其中，ρ 是空间误差自相关系数，θ 是空间误差移动平均系数，$W\varepsilon$ 和 Wu 都是空间滞后误差项。

对于空间计量模型的估计如果仍采用最小二乘法，系数估计值会偏离或者无效，需要通过工具变量法、最大似然法或广义最小二乘估计等其他方法进行。（林光平，2005）按照通常的做法，本书采用假设检验与最大似然线性回归组合模型（ARMA）进行。

$$y = X\beta + \varepsilon$$
$$\varepsilon = \rho W\varepsilon - \theta Wu + u \tag{6.8}$$
$$\text{或者 } y = X\beta + (1 - \rho W)^{-1} (1 - \theta W) u$$

依据研究的需要，本书分别设定两个用于空间滞后和空间误差模型检验的空间权重矩阵 W，一是用平均最小距离作为标准计算的空间权重矩阵，二是采用6个邻近城市的平均距离作为标准计算的空间权重矩阵。

（二）空间计量实证检验

考虑到研究的需要，我们采用2006年中国省际农业资本投入的横截面数据进行分析。采用的解释变量同前文，包括第一产业增加值（$AGDP$）、农业资本形成总额（AK）、农村人均纯收入（PIN）、农村金融发展水平（RFD）、乡镇企业数量（RQC）、地方财政收入水平（FIN）、农村受教育水平（UEL）、城镇化水平（UR）。本书建立的模型如下：

$$AKI = \alpha_0 + \alpha_1 AGDP + \alpha_2 AK + \alpha_3 PIN + \alpha_4 RFD + \alpha_5 RQC + \alpha_6 FIN + \alpha_7 UEL + \alpha_8 UR + \varepsilon$$

依据第一节分析可知，省际农业资本投入与其影响因素均呈现出较为稳定的空间相关性，忽视地区间的空间因素，必然会产生计量上的误差。为了更详细地测量这种空间依赖性作用条件下的省际农业资本投入及其影响因素之间的相互作用关系，我们分别采用空间计量的 SLM 模型和 SEM 模型。采用空间滞后模型（SLM）的估算方法将省际农业资本投入空间滞后变量引入模型，其经济学含义为某一个省区的农业资本投入可能潜在的受到周边省区农业资本投入及其影响因素的制约。原模型转化为：

$$AKI = \alpha_0 + \alpha_1 AGDP + \alpha_2 AK + \alpha_3 PIN + \alpha_4 RFD + \alpha_5 RQC + \alpha_6 FIN + \alpha_7 UEL + \alpha_8 UR + \lambda Wy + \varepsilon$$

空间误差模型的估计方法是，省际的空间自相关性通过误差项的变化来表现，误差项的方程可以是 ARMA（1，1），或者是简单的 AR（1）或 MA（1）形式。参照已有的研究经验，本书选取的误差自相关模型如下：

$$AKI = \alpha_0 + \alpha_1 AGDP + \alpha_2 AK + \alpha_3 PIN + \alpha_4 RFD + \alpha_5 RQC$$
$$+ \alpha_6 FIN + \alpha_7 UEL + \alpha_8 UR + \lambda Wy + \varepsilon\varepsilon = \rho W\varepsilon - \theta Wu + u$$

$$AKI = \alpha_0 + \alpha_1 AGDP + \alpha_2 AK + \alpha_3 PIN + \alpha_4 RFD + \alpha_5 RQC$$
$$+ \alpha_6 FIN + \alpha_7 UEL + \alpha_8 UR + \lambda y + (1 - \rho W)^{-1} u$$

首先考察没引入空间因素的情况，处理方法是对没引入空间因素的方程采用最小二乘法进行参数估计，测算各影响因素对省际农业资本投入的影响。然后，引入空间矩阵，在考虑地区的空间的情况下，利用极大似然法（Maximum Likelihood Method）对省际农业资本投入的 SLM 模型与 SEM 模型分别进行估计，实证检验省际农业资本投入是否存在空间溢出效应（Spatial Spillover Effect）以及各变量对省际农业资本投入的影响程度。Anselin 和 Rey（2000）提出区分两种模型的检验方法：空间滞后和空间误差模型的拉格朗日算子（Lagrange Multiplier，LM）及其稳健形势。在实证检验过程中，采用该种算法可以区别究竟何种是空间自回归形式，LMLAG 检验空间自回归滞后变量模型，LMERR 检验空间自相关误差模型，R - LMLAG 和 R - LMERR 是对拉格朗日算子的稳定性检验的必要补充。如果在空间依赖性的检验发现 LMLAG 比 LMERR 在统计上更加显著，且 R - LMLAG 显著而 R - LMERR 不显著，则可以断定空间滞后模型选择是恰当的。相反，如果 LMERR 比 LMLAG 在统计上更加显著，且 R - LMERR 显著而 R - LMLAG 不显著，则可以断定空间误差模型选择是恰当的。通过对回归结果的统计量的检验结果显示，LMERR（5.2210，P = 0.0246）比 LMLAG（3.2569，P = 0.03155）在统计上更加显著，并且它们的稳定性检验也均出现出一致的变动趋势，分析可知省际农业资本投入的空间误差模型（SEM）计量结果要明显优于空间滞后模型（SLM）。检验结果见表 6 - 3。

表6-3　　　　　　　　　邻近矩阵的空间计量结果

变量	SLM 模型 系数	标准差	P 值	SEM 模型 系数	标准差	P 值
C	-75.8991	159.6045	0.8432	62.5019	138.7903	0.9091
AGDP	8.4652	4.3265	0.0000	8.9856	4.3279	0.0000
AK	4.9876	0.5689	0.0354	5.0126	0.6902	0.0399
PIN	0.9865	0.3359	0.0511	0.8973	0.3560	0.0566
RFD	0.7989	0.2985	0.04222	0.8300	0.2984	0.04910
RQC	-0.0199	0.7008	0.0911	-0.0235	0.8115	0.0955
FIN	3.0231	0.6911	0.021	3.4259	0.5960	0.0198
UEL	-0.0255	0.2531	0.0899	-0.0310	0.3001	0.9877
UR	0.0109	0.0506	0.0977	0.0121	0.0639	0.0901
R^2		0.7012			0.7264	

异方差检验	统计值	P 值	统计值	P 值
Breusch Pagan	219.0891	0.0142	178.8699	0.0003
空间依赖性检验	LMLAG 3.4182 0.0577	R-LMLAG 1.1801 0.1943	LMERR 4.5943 0.0364	R-LMERR 1.4218 0.1570	ARMA 4.5271 1.0559

依据计量分析结果，容易发现，引入空间因素的两个模型（SLM 模型和 SEM 模型）的拟合优度与效果明显优于普通最小二乘法的估算结果。回归结果显示，空间因素的确对省际农业资本投入差异具有重要影响，由于省际农业资本投入受到众多因素的影响，进而农业资本投入的效率在省际也存在较大差异。通过对省际农业资本投入影响因素的空间计量分析发现，包括第一产业增加值（AGDP）、农业资本形成总额（AK）、农村人均纯收入（PIN）、农村金融发展水平（RFD）、乡镇企业数量（RQC）、地方财政收入水平（FIN）、农村受教育水平（UEL）、城镇化水平（UR）与省际农业资本投入水平之间均呈现显著的影响关系。其中，农业增加值对省际农业资本投入具有正向影响，表明在引入空间计量因素的条件下，省际农业增加值越高，省际农业资本投入水平就越高，进而农业资本投入就能更有力地促进当地农业经济增长，资本投入效率就可能得以改善。农业资本形成总额对农业资本投入也具有正向影响，随着农业资本形成总额的增加，省际农业资本投入水平得到提高，由于农业资本投入规模得到保

障,自然有利于投入效率的改善和提高。农民纯收入对农业资本投入也具有正向影响,但从影响的强度上看(0.8973),要远远小于其他因素的影响程度,一个可能的解释是农村资本投入的主体还是来源于非农户的投入,但是,农民纯收入与农业资本投入正相关关系也表明,农民纯收入与农业资本投入之间存在一致性关系,高的农民纯收入将带来高的农业资本投入水平,最终显著改善农业资本投入并有效促进农业经济增长效率。地方财政收入水平与农村金融发展水平对农业资本投入的正向影响较为显著,表明随着地方财政收入的增加、农村金融发展水平的提高,投入到改善农村经济中的资本性投入将显著增加,进而显著地促进农业经济增长。

第三节 农业资本投入效率的区域差异:基于农业资金来源视角

农业经济增长的绩效与农业资本投入效率的区域差异取决于农业资本投入的规模与空间布局。农业资本投入效率区域差异的成因必须得到解释,只有这样才能改善农业资本投入水平,从而找到不断提高农业资本投入效率、缓解区域差异的途径。长期以来,我国重城市轻农村、重工业轻农业的发展战略及其影响下的宏观经济政策直接导致了大量资本向城市集中,从而形成了农村资本投入的"投资陷阱"。农村资本投入"投资陷阱"一方面降低了农业资本投入的规模,另一方面引致区域空间布局的不平衡。众所周知,农业发展需要大量的资金投入,农业资本的形成,来源于农业资金投入。因此,农业资本投入效率区域差异一方面与农业投入资金的规模相关,另一方面与农业资金农业资本的转化率相关。本节的研究重点放在前者上,主要基于如下考虑,一是当前制约农业资本投入最关键的因素是总量不足,二是农业资本性投入中很大的一块即农业财政资金投入中对农业基础设施建设投入比例等有明确的规定,实现农业财政资金向农业基础设施建设倾斜属于典型的政策性行为。除了国家财政资金有专项用于农业资本性投入用途的资金包括农业基础设施等之外,其余大量农业资本性投入主要依赖于农业投入资金的转化。因此,保持持续稳定的农业资金投入是缓解当前农业发展资金投入不足,逐步积累和扩大农业资本的前提与基础。从农业资金的供给角度看,农业资金的供给来源划分为政府的财政资金、银行信贷资金、集体积累资金、乡镇企业的投资资金、农户的自有资金、国外投资者的资金和其他资金来源，农业资金供给能力大小取决于各供给主体的资金拥有量和偏好。（农业部农村经济研究中心，2002）其中，集体积累的资金根本来源还是农户，再考虑到目前国外投资于农业的资金数量偏少，实际上农业投入资金的主要来源基本包括农业财政资金、农业信贷资金以及乡镇企业投资资金、农户自有资金投入。分析我国农业资本投入效率的区域差异，尤其是20世纪中后期至今所呈现的逐步扩大化，自然需要从上述各方面入手。

一 政府财政资金投入

在农业资本形成过程中，政府财政资金投入发挥着重要作用。一般而言，地方财政资金投入与地方财政收入密切相关并呈正相关关系，即一个地区的财政收入越高，则用于投入农业发展的财政资金投入规模也就越大，从而转化为农业资本性投入的规模就越大。当前，政府农业财政支农资金主要使用在农业基础设施投入、农业科技三项投入、支援农村生产和农林水利气象等部门事业费的投入、支援农村救济支出等，其中，农业财政支农资金用于农业基础设施建设方面将直接构成农业财政资金资本性投入的重要组成部分。一般而言，农业基础设施建设主要包括：① 农田水利建设，如防洪、防涝、引水、灌溉等设施建设；② 农产品流通重点设施建设，商品粮棉生产基地，用材林生产基础和防护林建设；③ 农业教育、科研、技术推广和气象基础设施等。（国家统计局主要统计指标解释，2006）农业基础设施是农业经济的重要组成部分，它是为农民生产和生活提供服务不可或缺的物质载体和基本要素。在促进农业经济发展和农民增收的过程中具有重要的产业地位和战略地位，国际经验表明，农业基础设施，尤其是农村基础设施的建设是实现农业、农村现代化城市化的基础，是推动农业经济快速发展和农民收入快速增加的主动力。此外，农业基础设施不仅通过自身的发展来推动农业经济的发展，而且还通过为其他产业提供直接或间接的服务来进一步推动整个国民经济的发展。因此农业基础设施的投入应在财政支农投入结构中占有较大的比重，并且在相当大比例上由政府财政提供。而一个地区的财政收入水平与地方经济发展水平、地方人口因素、地方分配政策和地方的收入努力程度等方面密切相关，从而也造成了地区财政收入的差异，（刘溶沧、焦国华，2002；谭泰乾，2004）众多的学者支持了该观点。尤其是税制改革以来，杨震、刘丽敏（2005）运用数十个省（市）、地级市的数据，研究了增值税转型导致的地方政府财政危机问题，由于发生财政危机的省区大都在中西部地区，所以这客观地证实了我国财政收入的差异性。地区财政收入水平决定了地区财政支出水平和农业支出水平，见图6-2。各省区财政收入的水平从根本上决定了地区农业资本性投入的总量与规模，最终对农业资本投入促进农业经济增长的效果发挥决定作用。尤其是进入21世纪以来，胡华（2007）分析了中国东部、中部和西部在财政收入上的差异，并发现西部地区财政总收入对第一产业的依赖程度较高；中部地区财政总收入对第二产业和国有经济的依赖程度较高；东部、中部地区财政总收入有自发增加的趋势，而西部地区则没有类似的趋势，从而直接引致了地区农业资本的形成与对农业经济增长促进作用的区域差异。

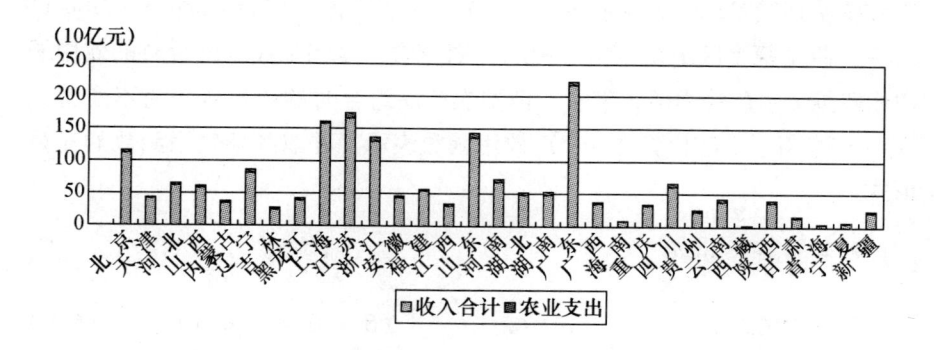

图6-2 分省财政总收入与农业总支出（2006）

二 市场实现资金投入

在农业资本形成过程中，市场实现资金投入包括各类金融机构实现的信贷资金以及工商企业的注入资金也发挥着重要作用。一般而言，各类型金融机构信贷资金投入量与工商企业的注入资金量越大，实现向农业资本投入转化的可能性就越大，从而直接改善农业资本投入的总量与水平，并最终提高对农业经济增长的促进作用。尤其是随着国家农村金融服务体系改革进程的深入推进，农村金融组织体系得到进一步健全，商业性金融、政策性金融、合作性金融和其他金融组织的作用正进一步得到充分发挥。通过农村金融组织创新，适度调整和放宽农村地区金融机构准入政策，降低准入门槛，鼓励并支持发展了大量适应农村需求特点的多种所有制金融组织以及多种形式的小额信贷组织，农业资本投入"市场实现资金"（Market Implementation Captical）呈稳步扩大趋势。可以预见，通过充分发挥农业财政资金的引导作用，更好地促进市场实现资金在转化农业资本以及促进农业经济发展方面必将发挥越来越重要的作用。为了揭示区域市场实现资金空间布局内在引致区域农业资本投入效率区域差异的作用机制，我们拓展了空间经济学"2×2×2"模型。

设定如下假设条件：存在封闭的经济系统由南 S、北 N 两个区域组成，有农业 A、工业 M 两个部门，生产投入资本 K、劳动力 L 两种要素。农业处于充分竞争状态，且均满足规模收益递增性。劳动力要素是同质的，单位劳动生产单位农产品与单位工业品。劳动力在区域间均匀分布且不能流动，资本可以自由流动。区域间的贸易遵循冰山交易成本。借鉴马丁和罗格斯（Martin & Rogers, 1995）"FC 模型"（Free Capitcal Model）做法：假设两个区消费者偏好相同，消费农产品和工业品组合时的效用函数用跨期 $C-D$ 效用函数表示、消费农产品组合时的效用函数为不变替代弹性（跨期不变替代弹性为1）效用函数表示，并取各期效用函数的对数形式：

$$U = \int_{t=0}^{\infty} e^{-t\rho} \ln C dt$$

$$U = C_A^{\mu} C_M^{1-\mu}, C_M = \left(\int_{i=0}^{n^w} c_i^{1-1/\sigma} di \right)^{1/(1-1/\sigma)} (0 < \mu < 1 < \sigma) \qquad (6.9)$$

其中，C_A 表示农产品消费，C_M 表示工业品消费，μ 为总消费支出中农产品消费所占份额，$1-\mu$ 为工业品消费所占份额，c_i 为第 i 种农产品消费，σ 为任意两种工业品之间的替代弹性，n^w 为经济系统工业品种类总数，ρ 是消费者效用的折现率。

容易得到，消费者所面对的农产品的价格指数为：

$$P_A = \left(\int_{i=0}^{n^w} p_i^{1-\sigma} di \right)^{1/(1-\sigma)} \qquad (6.10)$$

考虑一个北部企业，该企业在北部的销售量为 c，售价为 p；在南部的销售量为 c^*，售价为 $p^* = \tau p$。企业总产出为 $x = c + \tau c^*$，那么企业的销售收入是 $pc + p^* c^* = p(c + \tau c^*) = px$。在完全市场竞争的条件下，企业获得零利润，即收入减去成本为 0，即 $px = \pi + w_L a_m x$，其中，w_L 表示单位劳动的工资水平。根据 $p = w_L a_m / (1 - 1/\delta)$，可以得到 $\pi = px/\sigma$。

基于两个区域的农产品价格指数 $P_A = \left(\int_{i=0}^{n^w} p_i^{1-\sigma} di \right)^{1/(1-\sigma)}$，然后把它带入 $\pi = px/\delta$ 中，就可以得到农业企业的利润函数。假定 $p=1$，则 $p^* = \tau$，则农产品价格指数可以重新整理成：

$$(P_A)^{1-\sigma} = \int_{i=0}^{n^w} p_i^{1-\sigma} di = np^{1-\sigma} + n^*(\tau p)^{1-\sigma} = n^w p^{1-\sigma}(s_n + \varphi s_n^*)$$

$$(P_A^*)^{1-\sigma} = \int_{i=0}^{n^w} p_i^{1-\sigma} di = np^{1-\sigma} + n^* p^{1-\sigma} = n^w p^{1-\sigma}(s_n + \varphi s_n^*) \quad (6.11)$$

其中，$\varphi = \tau^{1-\sigma}$，定义为区域间贸易自由度，$\varphi$ 与自由度成正比。若 $\varphi = 0$，则两个区域为封闭型区。$s_n = n/n^w$ 表示北部企业所占份额，$s_n^* = n^*/n^w = 1 - s_n$ 为南部企业所占份额。定义 $b = \mu/\sigma$，并将上式带入 $\pi = px/\sigma$，可得：

$$\pi = px/\sigma = \frac{\mu p^{1-\sigma}}{\sigma} \left[\frac{E^W s_E}{n^w p^{1-\sigma}(s_n + \varphi s_n^*)} + \frac{\varphi E^W s_E^*}{n^w p^{1-\sigma}(\varphi s_n + s_n^*)} \right]$$

$$= b \frac{E^W}{n^w} \left[\frac{s_E}{s_n + \varphi s_n^*} + \frac{\varphi s_E^*}{\varphi s_n + s_n^*} \right] \quad (6.12)$$

其中，$s_E = E/E^W$ 为在总支出中北部所占份额，$s_E^* = E^*/E^W = 1 - s_E$ 为南部支出所占份额。假设每个企业只使用 1 单位资本，因此，$n^w = K^w$。设 $\Delta = s_n + \varphi s_n^*$，$\Delta^* = \varphi s_n + s_n^*$，$B = s_E/\Delta + \varphi s_E^*/\Delta^*$，$B^* = \varphi s_E/\Delta + s_E^*/\Delta^*$，则分别可以得到北部和南部企业的利润为：

$$\pi = bB \frac{E^W}{K^W}, \pi^* = bB^* \frac{E^W}{K^W} \left(b = \frac{\mu}{\sigma} \right) \quad (6.13)$$

（一）长期均衡条件

在长期内，两个区域都需要进行资本折旧，进而导致南部、北部区域资本投入以及区域间资本投入比发生变化。当每单位资本的回报率恰好等于新资本的成本时，此时的经济系统即达到了长期均衡。经济系统的总资本投入（K^w）、总支出水平 E^w 以及北部 s_K、南部 s_E 资本份额均维持在一个相对稳定的水平。长期均衡存在两种类型，一是内点均衡（$0 < s_K < 1$），南北两个区域资本增长率均相同，此时 $g = g^*$。二是角点均衡，也就是核心—边缘结构（$s_K = 0$，或 $s_K = 1$），此时区域间资本的分布呈极端情况，即资本在流动过程中，向一个区域集中。北部资本投入增长率 g 与南部的资本投入增长率 g^* 长期影响资本份额。根据 s_K 随时间的变化，我们可以得到如下恒等式：

$$\dot{s}_K \equiv (g - g^*) s_K (1 - s_K) \tag{6.14}$$

当出现内部均衡时，南部和北部两个区域都生产资本；当资本因为资本利润率向北部集中时，过分集中的结果就产生了核心—边缘区域。定义 q 为资本现值与资本成本之比，即托宾的 q 值：

当 $0 < s_K < 1$ 时，$q \equiv v/F, q^* \equiv v^*/F^*$；

当 $s_K = 1$ 时，$q = 1, q^* < 1$。

当托宾的 q 值为 1 时，资本增长率 g 与资本的空间分布 s_K 达到稳定状态，经济系统的总收入 E^w 也等于总支出，即经济系统同时达到均衡状态。

（二）核心—边缘结构均衡时资本增长率及其稳定

在南部和北部两个区域结构均衡时，满足下列条件，$s_K = 1, \Delta = 1, \Delta^* = \varphi, A = 1, B = 1, q = 1, q^* < 1$。

由于 $E_w = \dfrac{L^w - (g + \delta)}{1 - b}, q = \dfrac{v}{F} = \dfrac{bBE^w A}{\rho + \delta + g} = \dfrac{b(L_w - g - \delta)}{(1 - b)(\rho + \delta + g)} = 1$

假定 g^C 为所有资本都集中在北部时的均衡增长率。由于所有的资本都集中一个区域，因此，知识资本的外溢效应也出现在资本集聚区域。资本流动的均衡增长率取决于人口规模，总收入由劳动力禀赋决定。所以：

$$g^C = bL^w - (1 - b)\rho - \delta, E^w = L^w + \rho \tag{6.15}$$

显然，均衡增长率是否稳定非常关键。如果 g^C 是呈现出一种稳定状态，那么在满足前提假设下的南部和北部两个区域就存在了一种资本由南趋于北稳定的集中机制，因而自然就是形成了北部区域的资本集中现象，而南部则出现资本匮乏。因此，南部的资本投入效率因资本投入规模不足而剧烈下降。资本收益率差异是决定长期资本流动的重要因素。故而有：

$$\pi - \pi^* = b\dfrac{E^w}{K^w}(B - B^*) \tag{6.16}$$

其中，$B - B^* = \left[\dfrac{s_E}{\Delta} + \varphi\dfrac{1 - s_E}{\Delta^*}\right] - \left[\varphi\dfrac{s_E}{\Delta} + \varphi\dfrac{1 - s_E}{\Delta^*}\right] = (1 - \varphi)\left[\dfrac{s_E}{\Delta} + \dfrac{s_E - 1}{\Delta^*}\right]$

$= \dfrac{1 - \varphi}{\Delta\Delta^*}[(\Delta + \Delta^*)s_E - \Delta_2] = \dfrac{1 - \varphi}{\Delta\Delta^*}[(1 + \varphi)s_E - (1 - \varphi)s_n - \varphi]$

$= \dfrac{1 - \varphi}{\Delta\Delta^*}\left[(1 + \varphi)\left(s_E - \dfrac{1}{2}\right) - (1 - \varphi)\left(s_n - \dfrac{1}{2}\right)\right]$

所以

$$\pi - \pi^* = b\frac{E_1^w - \varphi}{K^w \Delta\Delta^*}\left[(1+\varphi)\left(s_E - \frac{1}{2}\right) - (1-\varphi)\left(s_n - \frac{1}{2}\right)\right] \quad (6.17)$$

从式（6.17）中可以看出，如果没有交易成本，也就是贸易自由度 $\varphi = 1$，则区际资本利润率总是相等的，这时空间在经济中无法发挥作用，此时的经济学含义即为经济与区位无关。一般情况下，$\varphi \in (0, 1)$，因此，区域资本利润率差异受到两个相反力量的作用。式（6.17）中，方括号中第一项为正，即为"集聚力"（Cohesive Force），表示如果北部的支出份额大于对称分布时的份额，那么该项对资本利润率差异的影响为正，这表明具有较大的支出份额对资本的吸引力很大，正是这种吸引力导致资本的集聚。同时，s_E 为北部的市场规模，系数 $1 + \varphi > 1$，说明存在本地市场的放大效应。

第二项为负值，可以成为"分散力"（Dispersion Force）表明如果北部实际使用的资本份额超过对称分布的资本份额，那么这一作用力将降低北部的资本利用利润率，从而阻碍资本向使用资本较多的区域流动，这种效应称为"市场拥挤效应"（Market Crowding Effects）。因此，资本最终的流动方向取决于集聚力和分散力的大小。从式（6.17）中可以看出，$(1 + \varphi)/(1 - \varphi) > 1$，因此，贸易自由度 φ 的提高相对强化集聚力而弱化分散力。贸易自由度 $\varphi = \tau^{1-\sigma}$，运输成本（交易成本）的降低、替代弹性的下降（更偏好于多样化的产品），都有利于提高贸易自由度，进而促进产业的集聚，从而加速资本向北部流动和集中。

基于以上分析，容易推出以下结论：

结论1：经济系统的资本均衡增长率取决于知识资本的溢出程度与人口资源禀赋，溢出程度和人口禀赋越大，经济系统的资本增长率就越大。

结论2：资本集聚时的资本增长率大于资本分散时的资本增长率。

基于以上结论，容易得到如下推论：

推论：北部资本份额与经济系统资本增长率成正比，经济系统资本增长率越大，北部资本份额就越大。

此推论揭示的经济学含义是：北部资本份额与经济系统资本增长率相关，区域经济系统经济增长率越大，则该区域所拥有的资本份额就越大，资本将逐渐向北部集中，或者北部的资本越来越多，相对而言，南部生产的资本就越来越少。换言之，南部经济发展就会出现因资本投入不足而导致资本的投入效率下降。北部较之于南部,如同东部与西部一样。在东部农业发展与西部农业发展之间,农业资本更多地集中在东部地区,相对而言西部农村资本投入较为分散与稀缺。因此,资本由于知识的外溢效应(Spillover Effects),明显地向东部农村区域集中。从实践角度看,东部地区无论是农村经济发展还是工业集中度均明显高于西部地区。因此,自然就会形成农业资本向东部地区农村相对集中的经济现象。农业资本向东部农村集中的结果,在强化了区域农业资本投入的空间不平衡机制的同时,最终扩大了东部地区农业资本投入的相对规模、缩小了中西部地区的农业资本投入规模,在宏观上逐渐形成了以东部为中心,以广大的中西部地区为外围的"核心—外围特征"(Core – Periphery Characteristics)。最终从根本上弱化了广大中西部地区资本投入效率,形成了区域空间农业资本投入效率空间差异的局面,并得到进一步的强化。

三 农户农业资金投入

农户是农业的微观经济主体,农村家庭联产承包责任制推行以来,农户作为农业经济活动的主体地位在制度上获得了认可,成为农村社会经济中最重要的经营决策单位。农业产业化发展中农户是生产原料的提供者,对整个产业的发展起着重要的作用。改革开放以来,随着国家行政、财政和金融方面改革的不断深入,农户的资金投入量占农业资金投入总量的比例稳步上升的趋势。(杨明洪,2000)其投资能力和倾向对农业投资产生重要影响,对于实现农业稳定、持续发展所需的资金供给有着日益重要的作用。显然,农户投入资金的规模明显受农户收入预算的制约。然而,我国东部、中部、西部地区农民人均纯收入增长速度与经济增长速度基本一致,但是地区间农民收入的差距不仅没有随着经济增长而缩小,反而日益扩大。1978 年,东、中、西部地区农民人均纯收入分别为 172 元、135 元、119 元,东部地区分别是中部和西部地区的 1.27 倍和 1.45 倍。但到 2003 年,3 类地区农民人均纯收入分别为 3598 元、2365 元、1936 元,东部地区分别是中部和西部地区的 1.52 倍和 1.86 倍。2003 年至 2006 年间,东部地区农民人均收入增长明显快于中、西部地区,农民收入差距呈现持续拉大的倾向。显然,地区间农户收入差距的扩大直接导致地区间农户自有资金投入农业生产的差异扩大化,最终降低了低收入地区农业资本投入水平以及农业资本投入促进农业经济增长的效率,并使得区域间的差异持续扩大化。

第四节 农业资本投入效率的区域差异：基于投入过程的视角

农业资本投入效率区域差异除了与农业总量投入的空间分布的非均衡性相关之外，而且还与农业资本投入过程密切相关。通过强化农业资本投入的审计与监督，尤其是农业财政资金的审计与监督、规范农业市场实现资金的流程与管理，对于整体提升农业资本投入效率、缩小区域差异同样具有重要意义。从农业财政资金投入角度看，依据审计署审计调查发现，中央支农专项资金管理中，存在资金分配分散、分配层次多及被挤占挪用等问题突出。一是资金总体尚未有效统筹和整合。目前，从中央到省、市、县，都有20个左右的部门参与资金分配和管理，每个部门负责分配数量不等的专项资金，导致多头管理，多渠道分配，项目点多面广、资金比较分散，相当一部分存在交叉重复。抽查到的50个县收到的按项目管理的23.8亿元支农专项资金，分散投向了4.5万个实施项目。这种状况使得地方很难根据实际集中财力解决突出问题。二是项目管理和资金分配层次多、链条长，影响项目执行进度。目前，中央支农专项资金分配大多采取层层上报项目，再由中央、省有关部门选择确定并直接分配到具体项目的工作机制，导致申报时间长、资金拨付迟缓。抽查到的50个县（市、区）申报的4万多个项目中，从项目申报到批复历时6个月以上的占39%，从项目批复到资金到位历时6个月以上的占32%。50个县的中央支农专项资金，有45%是第四季度收到的，还有4.5亿元当年未收到。三是一些地方仍存在挤占挪用专项资金的问题。抽查的50个县（市、区）2006年挤占挪用1.25亿元，主要用于平衡预算、弥补行政经费等（审计署向全国人大常委会提供的2007年度中央预算执行和其他财政收支的审计情况的报告，2008）。从农业资本投入的市场实现资金角度看，贷富不贷穷，中低收入农民贷款更为困难。一方面由于贷款抵押政策门槛较高，多数农户难以提供抵押物，因而得不到贷款。另一方面由于农业投资见效期长、风险大与支农贷款期限短的矛盾比较突出，加之支农"主力军"信用社自身资金紧张，因而向农户放贷更为警惕。低收入农户发展生产脱贫致富最需要资金，而贷款需求与贷款满足比例相差最大。由于资金需求满足程度的差异，在一定程度上拉大了贫富差距。最终从根本上加剧了区域农业资本投入规模与效率的差距。

第五节 本章小结

农业资本投入效率的区域差异一方面与农业资本投入区域空间分布的非均衡性密切相关，农业资本投入的空间非均衡性直接导致了农业资本投入效率的区域差异；另一方面与农业资本形成的来源密切相关，农业资本来源于农业投入资金，而农业资金的来源和规模从根本上决定了农业资本投入的规模与效率。第一，从农业资本投入角度看，农业资本投入区域空间分布的内在机理强化了区域分布的不平衡机制。省际农业资本投入存在明显的集聚效应（Clustering），且集聚过程中有轻微波动，省际农业资本投入分布呈现明显的"核心—外围"区域特征，即以东部沿海为核心，以广大的中西部地区为外围的发展格局。同时，农业资本投入影响因素也表现出空间依赖性，引入空间权重矩阵的计量结果表明，包括第一产业增加值（$AGDP$）、农业资本形成总额（AK）、农村人均纯收入（PIN）、农村金融发展水平（RFD）、乡镇企业数量（RQC）、地方财政收入水平（FIN）、农村受教育水平（UEL）、城镇化水平（UR）与省际农业资本投入水平之间均呈现显著的影响关系。第二，从农业资本形成的来源角度看，农业财政资金、农业市场实现资金与农户农业资金共同构成了农业发展投入资金，并按照比例转化为农业资本投入。其中，农业财政投入资金、农户农业投入资金均与地区财政总收入、地区农户收入密切相关。无论是地区财政总收入还是地区农户收入均呈现"东高西低"的特征，地区农业财政资金投入与农户农业资金投入与其高度一致，因此，依赖于地区农业财政投入与农户农业资金投入转化的农业资本性投入自然也呈现出东高西低的区域差异特征。而农业资本投入的市场实现资金在市场机制作用下，自然就会形成农业资本投入在东部地区农村相对集中的经济现象，从而导致农业资本因集聚而产生的知识外溢效应，有助于提升东部农村经济系统的增长率，最终改善东部地区农村资本投入的产出效率。而东部农村地区资本投入区域内的集聚效应，又强化了资本投入效率的与中西部地区间的区域空间差异。此外，对农业财政资金投入实施全面的监督与审计、规范农业市场实现资金的流程与管理对整体提升农业资本投入效率、缩小区域差异同样具有重要意义。

第七章 基于效率改进的农业资本投入机制构建

第一节 引 言

在我国市场经济转型过程中,健全的农业资本投入机制是实现农业与农村经济又好又快发展的关键。如何建立、健全这一能够持续发展并将长期发挥作用的农业资本投入机制,对于促进统筹农业与农村经济发展、逐步缩小城乡二元经济结构差距具有十分重要的理论意义与实践意义。深入探索基于效率改进的农业资本投入机制,一方面有助于深化对农业资本投入促进农业与农村经济增长作用机制的认识;另一方面有助于全面掌握农业资本投入机制的特征与变化规律,从而有助于维护、改革和完善现有的农业资本投入机制,并确保农业资本投入促进农业与农村经济发展健康的运行。从实践角度看,农业资本投入效率的区域差异与农业资本投入的规模与空间分布特征密切相关。稳步扩大农业资本投入规模、改善农业资本投入促进农业经济增长的效率并缩小区域差异,客观上要求全面建立起基于效率改进的农业资金投入机制。在稳步扩大农业资金投入规模的同时,注意协调和缩小区域差异,实现区域农业资本投入协调发展的格局。由于农业资本投入运行问题具有复杂性,决定了解决问题的手段和方法的多样性。本章将紧紧围绕农业资本投入主体展开,包括农业财政资金投入、农业信贷资金投入以及农户自有资金投入三个方面,全面阐释基于效率改进的农业资本投入机制的构建。

第二节 农业财政资金投入运行机制构建

一 问题的提出

农业财政资金投入是形成农业发展过程中资本性投入的最重要组成部分,对于增加农业基础性地位,改善和提高农业生产条件,均衡区域农业发展差异,提升农业发展质量与水平,稳定农业与农村经济均具有重要作用。综观国家财政支持农业政策的发展历程,大致可以概括为如下几个典型阶段:第一阶段:调整阶段(1978—1985)。随着国家财政收入的不断增加,财政支农呈现稳定的上升趋势,8 年财政支农投入达到 1133.28 亿元,年均为 141.66 亿元,大大高于改革开放前的水平。在投入结构上,由过去的过分偏重于农业基本建设转向开始支持农村生产(主要是乡镇企业)和农林水利气象事业费转移支出。但财政投入主体主要以地方财政为主,本阶段地方财政累计投入占 86.5%,中央财政累计投入占 13.5%,中央投入明显偏低。(丁学东,2003)第二阶段:巩固阶段(1986—1995)。国家财政农业资金投入大幅度增加,10 年间共投入 3340.6 亿元,年均投入为 334.1 亿元,呈现农业财政资金投入绝对额稳定上升但所占国家财政投入总额比重下降的特征。在投入结构上,国家财政占 20%,地方财政占 80%,中央财政资金投入略微上升。在投入政策上,重点投向与农业生产密切相关的生产环节,包括农业生产条件的改善、重点粮食等大宗农作物的生产、农业社会化服务体系建设以及农业科技推广等。第三阶段:强化阶段(1996—2001)。该阶段国家实施积极的财政政策,积极促进西部大开发,通过增加发行国债和吸引外资等方式,扩大财政支农比重,重点是基础设施建设、农业基础产业发展、农村税费改革以及西部基础设施的开发与利用。在巩固阶段的基础上,国家试图通过增加对农业的投入、优化农业结构,以达到促进农业和农村经济发展的目的。2002 年至今为农业财政资金投入纵深发展阶段,尽管本阶段依然保持了投入总额的不断增加,然而农业财政资金投入所占财政总支出的比例则呈现明显的下降趋势,农业财政资金投入对农业与农村经济发展的效用有待于进一步提高,城乡二元结构差距与农业的区域差异有扩大的倾向。见表 7-1。

表 7-1　　　　　　　1978—2006 年国家财政农业支出统计表

年份	总量（亿元）	占财政支出比重（%）	占全国 GDP 比重（%）	占农业 GDP 比重（%）
1978	150.7	13.4	4.1	14.67
1980	150.0	12.2	3.3	10.94
1985	153.6	7.7	1.7	5.99
1989	265.9	9.4	1.6	6.23
1990	307.8	10.0	1.6	6.08
1991	347.6	10.3	1.6	6.51
1992	376.0	10.0	1.4	6.41
1993	440.5	9.5	1.2	6.33
1994	533.0	9.2	1.1	5.57
1995	574.9	8.4	0.9	4.74
1996	700.4	8.8	1.0	5.00
1997	766.4	8.3	1.0	5.31
1998	1154.8	10.7	1.4	7.79
1999	1085.8	8.2	1.2	7.35
2000	1231.5	7.8	1.3	8.24
2001	1456.7	7.7	1.3	9.23
2002	1580.8	7.2	1.3	9.56
2003	1754.5	7.1	1.3	10.09
2004	2337.6	9.7	1.5	10.92
2005	2450.3	7.2	1.3	10.62
2006	3173.0	7.9	1.5	12.83

在某一既定的财政支出规模下，判断其整体支出是否具有效率、如何最优效率，核心要求就是通过农业财政资金投入总量的大小，来分析和判断财政支农总量是否以及在多大程度上符合财政资源配置客观要求的合理比例。众多学者如李焕彰（2004）、迟慧（2005）、韩俊（2006）等倾向于认为中国财政支农规模太小，不能保证农业健康、长期、可持续发展。从图 7-1 中也可以看出，我国农业财政资金投入无论是占财政总支出比重还是占 GDP 的比重都明显偏低。发达国家包括美国、日本、法国等，财政农业资金投入比重都非常高。按照统一口径，发达国家的支持占

GDP 为 30%—50%，巴基斯坦、泰国、印度、巴西等发展中国家为 10%—20%。（王振猛、郭俊荣，2006）日本财政对农业的支持力度和保护程度是所有发达国家中最高，财政支农资金（中央财政支农预算支出与地方政府支农预算支出之和）超过农业 GDP 总额。若按照何振国（财政部办公厅，2006）等采用的一个较为可信的财政支农支出最优规模估算模型所估算的结果显示，中国农业财政资金投入的最优规模约为农业 GDP 的 47.2%。依据图 7-1 提供的结果容易发现，1978 年至今，我国农业财政资金投入占农业 GDP 的最高比重为 14.67%，缺口还达到了 30 多个百分点。农业财政资金投入规模偏小是制约我国农业经济发展的首要原因。此外，农业财政资金投入结构不合理、实际功能弱化，政府农业财政资金投入管理体制不健全、资金使用效果差等问题始终制约着我国农业财政资金投入效果并最终影响我国农业发展以及农村经济又好又快的增长。

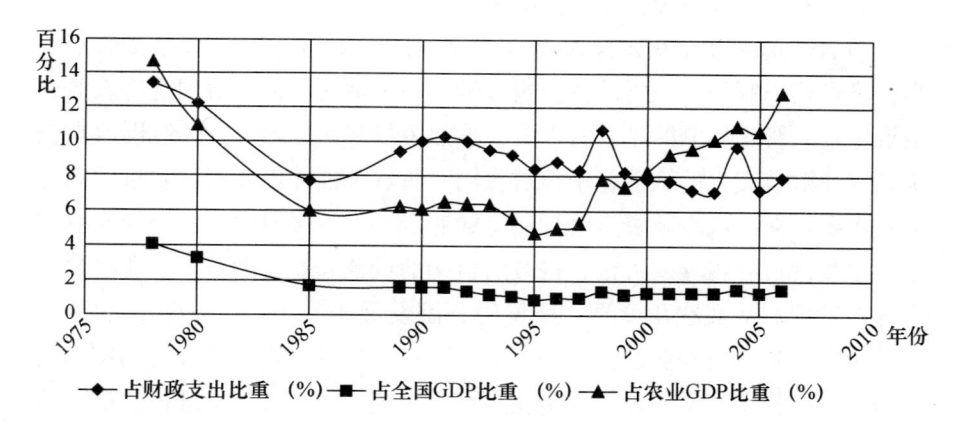

图 7-1 国家农业财政资金投入占比变化趋势

按目前的统计口径，韩俊（2007）指出财政支农支出主要包括农业基本建设、农业科技三项费用、农业科研、支援农村生产、农业综合开发、农林水气等部门事业费、农产品流通补贴、农业生产资料补贴、财政扶贫和农业税收减免等项支出。农业在国民经济中的基础产业地位及其特有的弱质性行业特征，决定了政府必须对农业的发展提供支持，农业财政资金投入扮演重要角色。不断改善和提高农业财政资金投入效率，客观上要求在不断提高农业财政资金投入规模的条件下，不断改善农业财政资金投入结构，其中，尤为重要的是农业财政资金投入向资本性投入包括农业基础设施、农业机械、农业公共服务设施等倾斜，以及农业资本投入效率的区域差异问题，从而有效地提高农业财政资金投入效率。在我国由计划财政向公共财政转型过程中，多方面的因素制约着农业财政资金投入规模和水平，中央财政与地方财政财权与事权不对等，地方财政投入在农业公共产品的"缺位"与政府投入办企业的"越位"现象并存，支农资金多元化筹集、多头管理，条块分割、资金分散等问题突出。（汤先锋，2007）尤其是在当前地方政府普遍负债问题突出的情况下，更是无力承担农业发展的资本性投入。因此，改善我国农业财政资金投入水平、逐步缩小由于资本投入不足而引致的农业资本投入效率低下局面，首先，需要设计农业财政资金投入的决策机制与资金整合模式，以保证农业财政资金投入规模的持续扩大与所占比例提高。其次，就是要构造财政农业投入资金实施有效的监管机制。

二 农业财政资金投入决策机制

当前，农业财政资金投入资金规模整体偏低与区域空间分布的不均衡，已经成为制约农业财政资金投入效率的关键性因素。我国现行农业财政资金投入管理体制的主要特点是：按照事权和财权划分，各级财政承担本级农业财政支出的管理，中央财政同时负责全国性农业财政政策的制定以及重要农业财政专项资金管理制度的制定。上一级财政对下一级农业财政支出管理负有指导的责任，按政府机构的设置和职能划分，农业财政支出分块管理。从实践角度看，依据国务院发展研究中心（2007）的调查统计表明，政府对农业的投入渠道多且混乱。这种管理模式存在的突出问题是各级事权划分不明确，资金使用范围模糊，资金分块管理，使有限的资金不能形成整体合力；政出多门，监督不力，农业资金流失严重，从而大大削减了农业财政资金投入规模与水平，不利于效率的提高与区域差异的缩小。该问题的出现与农业财政资金投入决策机制密切相关。长期以来，我国农业财政资金投入决策过分偏重于经验性决策机制。在我国农业发展区域差异不断扩大的现实情况下，这种基于计划性、经验型的农业财政资金投入模式已经表现出越来越多的不适应性，农业财政资金投入区域差异导致的省际运行效率差异越来越明显。农业财政资金投入效率的改善需要科学的决策机制以及合理的投入路径设计。

科学的决策机制是改善农业财政资金投入水平与效率的重要条件之一，规范合理的农业财政资金投入管理运行机制也必不可少。农业财政资

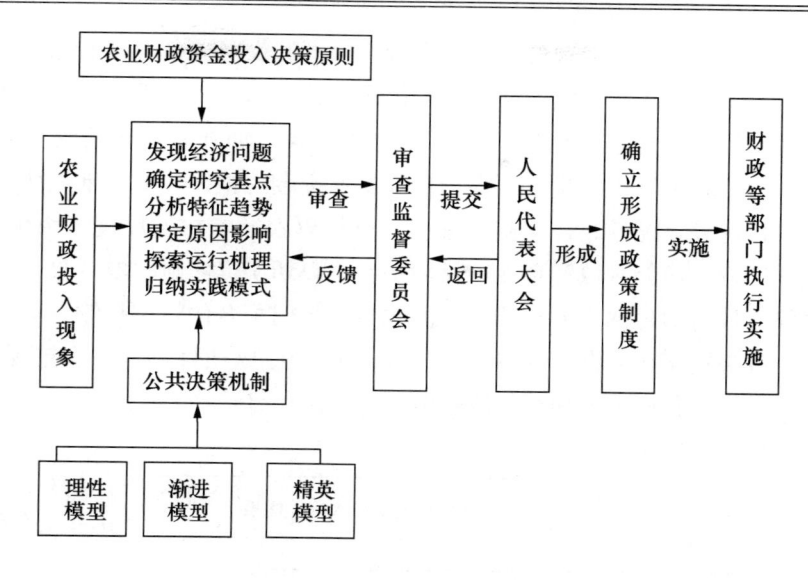

第七章　基于效率改进的农业资本投入机制构建 ·129·

图 7-2　农业财政资金投入决策机制设计

金投入管理机制是由决策与调控、组织与运行、监督控制与绩效评价四大子系统构成。各子系统工作内容和侧重点各异，所要解决的问题也有所不同。①决策与调控子系统工作重点在如何进行农业财政资金投入的科学决策，以及按照决策内容与拟达到的目标如何实施计划并进行调控问题。在投入决策过程依赖于科学的决策程序与计划调控方法，重点解决农业财政资金投入的规模、结构以及运行系统优化问题。②组织与运行子系统工作重点在于农业财政资金投入的组织整合与运行管理，包括农业财政资金投入运行的组织架构设立、管理职能分工、权责规范等。③监督控制子系统的工作重点在农业财政资金投入的决策与计划调控、组织整合和资金运行管理等关键环节实施有效的监督与控制。包括监督控制的原则、目的、监督控制主体的确立、监督控制的内容与要点、监督控制方式与体系设计以及过程监控方式的应用等。④绩效评价体系的工作重点在于围绕农业财政资金投入决策与计划调控、投入资金的运行管理。包括设立科学的绩效评估方法与绩效评估指标体系、绩效评估对象和内容的明确等。

鉴于当前农业财政投入资金在使用管理方面分散现象比较突出，一定程度上影响了农业财政资金投入的使用效益和政策效应的发挥。（财政部，2006）针对上述问题的出现，实践过程中客观上需要坚持以科学发展观为统领，以建设社会主义新农村为契机，以县级为主和多级次整合相结合：一是有利于逐步规范农业财政资金投入的投向，合理有效配置公共财政资源，提高农业财政资金投入的使用效益。二是有利于促进政府及其部门转变职能，克服"缺位"和"越位"现象，加强对农业的支持和保护。三是有利于集中力量办大事，提高支农资金的整体合力，推进社会主义新农村建设。此外，在实施过程中，坚持以农业农村发展规划为依据，以主导产业、优势区域和重点项目为平台，以切实提高财政农业投入资金使用整体效益为目的，通过建立政府领导、部门配合的协调机制，整合各部门、各渠道安排的财政农业投入资金，逐步形成项目科学、安排规范、使用高效、运行安全的使用管理机制。（见图7-3）

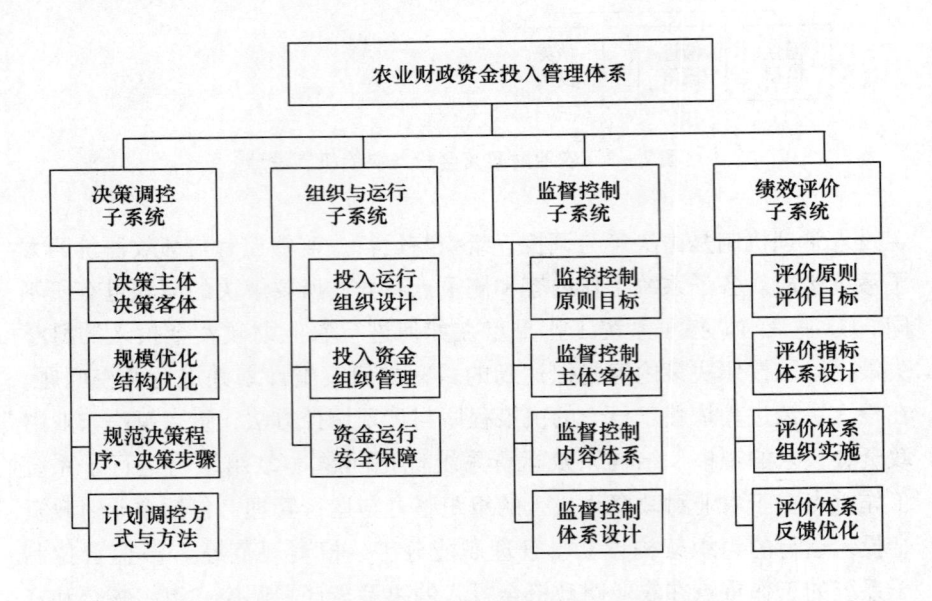

```
                    农业财政资金投入管理体系
        ┌───────────────┬───────────────┬───────────────┐
    决策调控         组织与运行        监督控制         绩效评价
     子系统           子系统           子系统           子系统
   ┌────┴────┐     ┌────┴────┐     ┌────┴────┐     ┌────┴────┐
   决策主体          投入运行          监控控制          评价原则
   决策客体          组织设计          原则目标          评价目标
   ┌────┴────┐     ┌────┴────┐     ┌────┴────┐     ┌────┴────┐
   规模优化          投入资金          监督控制          评价指标
   结构优化          组织管理          主体客体          体系设计
   ┌────┴────┐     ┌────┴────┐     ┌────┴────┐     ┌────┴────┐
   规范决策程         资金运行          监督控制          评价体系
   序、决策步骤       安全保障          内容体系          组织实施
   ┌────┴────┐                     ┌────┴────┐     ┌────┴────┐
   计划调控方                         监督控制          评价体系
   式与方法                           体系设计          反馈优化
```

图7-3 农业财政资金投入的运行管理体系设计

此外，由于农业财政资金投入的决策管理机制不健全还表现在中央政府和地方政府之间农业投入职责划分不清，财权与事权不对等。国家应该严格按照1993年《农业法》中的规定："国家逐步提高农业投入的总体水平。国家财政每年对农业总投入的增长幅度应该高于国家财政经常性收入的增长幅度"执行的同时，要进一步完善财政体制改革，严格按照公共财政体制的要求合理确定财政支出的范围，重视农业的基础地位，调整国民收入分配格局，稳步提高农业财政资金投入在财政分配中的比重。在

此基础上，逐步健全国家农业财政资金投入的决策机制，确保农业财政资金投入规模扩大与农业财政资金投入在财政分配中的比重稳步提高，在逐步提高区域农业资本投入规模的同时，达到提高投入效率、缩小区域差异的战略目标。

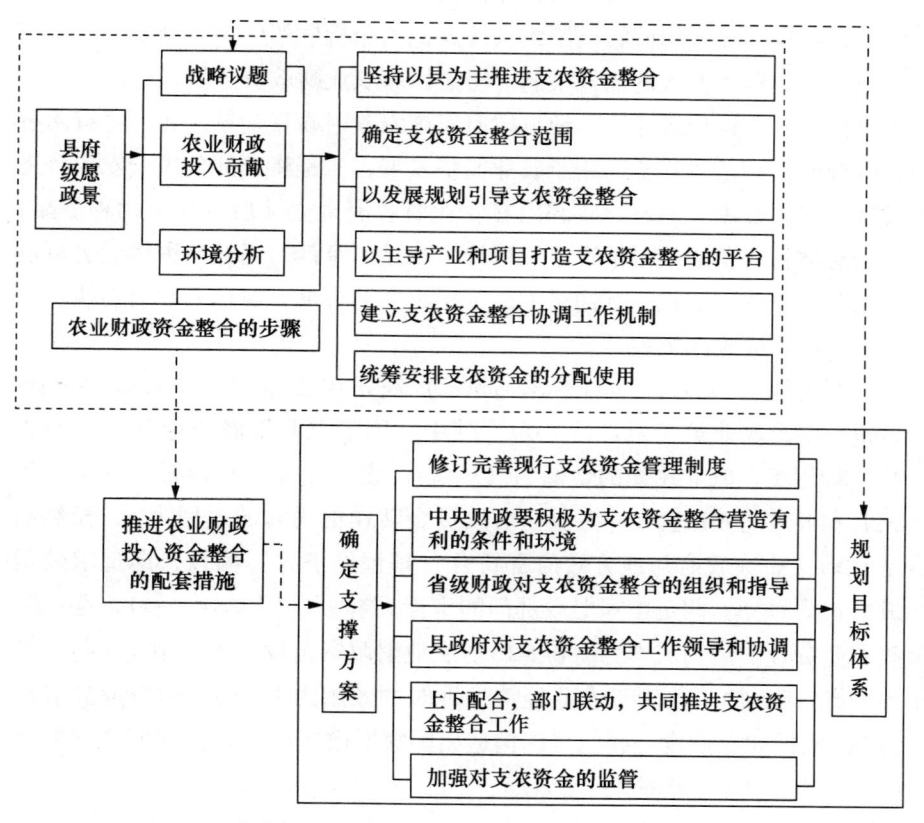

图 7-4 以县级财政为中心的农业财政资金投入整合机制设计

三 农业财政资金投入监督机制

改善和提高农业财政资金投入效率、缩小区域差距，一方面需要健全决策机制，另一方面则需要健全农业财政资金投入的监督机制。一个好的农业财政资金投入决策机制需要农业财政资金投入监督机制作保障。经过以县为中心对农业财政投入资金进行整合后，农业财政资金投入相对集中，数额较大。因此，需要采取强有力的监督保障措施，确保财政农业资金的使用安全、运行高效。近年来，我国农业财政资金投入的绝对数量保持较大的增长幅度,一些地方政府转用、挪用、截用财政农业资金已经成为一种较为普遍的现象,这些问题已经严重影响了国家农业财政资金投入效果。在规划国家农业财政资金投入的决策机制前提下,深入探索国家农业财政资金投入的监管机制,使农业财政资金投入真正运用到农业经济发展上,意义重大。本节将运用博弈论的分析方法,将基于项目管理的国家农业财政资金投入的监管机制纳入博弈论的分析框架中进行分析,深入探索农业财政资金投入的监管机制。考虑国家农业财政资金投入分配上采用项目模式。在这种模式下,地方政府实施农业财政资金投入后,将有两种战略选择:一是将其全部用于农业经济发展,二是将其部分用于农业经济发展或转作他用。国家财政部门在农业财政资金立项后也存在两种战略:一是对项目经费的使用情况予以审计,二是不审计。当然这种假设也可以扩展到地方政府与执行部门之间,为了行文的方便,对地方政府与执行部门之间的博弈不具体展开。

假定地方政府 (Local Government) 获得中央政府 (Central Government) 财政农业经费为 r ($r>0$),其中,用于农业发展的金额为 s ($s \geq 0$),则用于非农业用途的金额为 $(r-s)$。设每元农业财政投入资金用于农业发展时的效用为 1,将农业财政资金转作他用时的效用为 b,显然满足 $b \geq 1$。中央政府与地方政府都符合"理性经济人"假设,即追求效用最大化为目标。假定国家财政部门的审计成本为 c ($0<c<r-s$),滥用财政农业资金的惩罚成本为 f ($f>1$)。农业财政资金投入的使用效用符合二项分布 (0, 1)。当用于农业经济发展时的效用为 1,用于非农业经济时为 0。根据如上假设,我们可以构造出国家财政部门与地方政府之间博弈的战略表达式。(见图 7-5)

	地方政府挪用资金 (Y_1)	地方政府专款专用 (Y_2)
财政审计 (X_1)	$r-c$, $s-(r-s)f$	$r-c$, r
财政不审计 (X_2)	s, $s+(r-s)b$	r, r

图 7-5 国家财政部门与地方政府 (Central-Local,CL) 的博弈支付矩阵

依据图 7-5 的博弈支付矩阵,如果地方政府将全部农业财政资金投入用于农业发展,国家财政部门的最优策略是不审计 (X_2)。若地方政府

挪用农业财政资金，则最优策略为实施审计（X_1）。同样的，若国家财政部门实施审计策略，地方政府的最优策略是专款专用（Y_2），若拒绝审计，则最优策略为挪用农业财政资金（Y_1）。显然，该 CL 博弈中并不存在纯战略纳什均衡，我们只能转而用混合战略均衡的表达式进行求解。

假定国家财政部门的混合战略为 $\sigma_C = (\theta, 1-\theta)$，其中，$\theta$ 为财政部门审计的概率，则 $(1-\theta)$ 为拒绝审计的概率。地方政府的混合战略为 $\sigma_L = (p, 1-p)$，其中，p 为地方政府挪用农业财政资金的概率，$(1-p)$ 为专款专用的概率。容易得到国家财政部门的期望效用函数为：

$$u_C = [(r-c)p + (r-c)(1-p)]\theta + [sp + r(1-p)](1-\theta) \tag{7.1}$$

国家财政部门的最优化一阶条件为 $\frac{\partial u_C}{\partial \theta} = 0$。通过对 u_C 求偏导，容易得到：

$$\frac{\partial u_C}{\partial \theta} = -c + pr - sp \tag{7.2}$$

因为最优化的一阶条件为 $\frac{\partial u_C}{\partial \theta} = 0$，因此，国家财政部门的最优化条件为：$-c + pr - sp = 0$，整理得到：

$$p^* = \frac{c}{r-s}。$$

这意味着在混合战略纳什均衡中，地方政府将以 $p^* = \frac{c}{r-s}$ 的概率选择挪用农业财政资金。以 $\left(1 - \frac{c}{r-s}\right)$ 的概率选择专款专用。

假设地方政府的期望效用函数为 u_L，则：
$$u_L = \{[s + (r-s)b](1-\theta) + [s - (r-s)f]\theta\}p + [r\theta + r(1-\theta)](1-p) \tag{7.3}$$

地方政府的最优化一阶条件为 $\frac{\partial u_L}{\partial p} = 0$，通过对 u_L 求偏导，容易得到：

$$\frac{\partial u_L}{\partial p} = s + br(1-\theta) - bs(1-\theta) + (1+f\theta)(s-r) \tag{7.4}$$

因为最优化的一阶条件为 $\frac{\partial u_L}{\partial p} = 0$，因此，地方部门的最优化条件为：

$s + br\ (1-\theta)\ - bs\ (1-\theta)\ +\ (1 + f\theta)\ (s - r)\ - c + pr - sp = 0$，整理得到：

$$\theta^* = \frac{b-1}{f+b} \tag{7.5}$$

这意味着国家财政部门将选择 $\theta^* = \frac{b-1}{f+b}$ 的概率实施审计，选择 $\left(1 - \frac{b-1}{f+b}\right)$ 的概率拒绝审计。因此，在 CS 混合博弈中，混合战略纳什均衡是 $\left[\frac{c}{r-s}, \frac{b-1}{f+b}\right]$。该混合战略纳什均衡的经济学含义是：对于从国家财政部门获得农业财政投入资金，不同的策略选择条件下，地方政府的处理方式是不一样的，其中，$\left(1 - \frac{c}{r-s}\right)$ 的概率选择专款专用，而挪用财政农业资金的概率则为 $\frac{c}{r-s}$。在国家财政部门不能准确甄别地方政府的策略类型时，将选择以 $\frac{b-1}{f+b}$ 的概率对地方政府的经济行为实施审计，而选择 $\left(1 - \frac{b-1}{f+b}\right)$ 的概率拒绝审计。

命题7.1：现实生活中，地方政府违背职业道德和国家法律而挪用国家财政农业资金，存在精神成本（Mental Cost）（包括地方政府因挪用国家财政农业资金时所支付的一切物质或非物质的成本）。假定这种精神成本为 m，则考虑到职业道德水平与法律规范时的最优审计率低于不考虑职业道德水平与法律规范时的最优审计率。

证明：在上述推导的基础上，引入地方政府的精神成本为 m，则地方政府的效用函数为：

$$u_L = \{[s+(r-s)b-m](1-\theta) + [s-(r-s)f-m]\theta\}p \\ + [r\theta + r(1-\theta)](1-p) \tag{7.6}$$

同理，地方政府的最优化一阶条件为 $\frac{\partial u_L}{\partial p} = 0$，通过对 u_L 求偏导，容易得到：

$$\frac{\partial u_L}{\partial p} = s + br(1-\theta) - bs(1-\theta) + (1+f\theta)(s-r) - m \tag{7.7}$$

因为最优化的一阶条件为 $\frac{\partial u_L}{\partial p} = 0$，因此，地方部门的最优化条件为：

$s + br\,(1-\theta) - bs\,(1-\theta) + (1+f\theta)\,(s-r) - m = 0$，整理得到：

第七章 基于效率改进的农业资本投入机制构建

$$\theta^{**} = \frac{(r-s)(b-1)-m}{(r-s)(f+b)} \tag{7.8}$$

考察在没有引入精神成本 m 时,地方政府挪用国家财政农业资金的最优化一阶条件为 $\theta^* = \frac{b-1}{f+b}$。

依据前提假设,容易证明:

$$\theta^{**} = \frac{(r-s)(b-1)-m}{(r-s)(f+b)} < \theta^* = \frac{b-1}{f+b} \tag{7.9}$$

即引入职业道德、法律规范时所要求的最优审计率大大低于不考虑职业道德、法律规范时的最优审计率。

命题 7.2:国家财政部门针对农业财政资金投入的实际运用选择审计的成本与地方政府挪用农业财政资金投入之间存在正向相关关系。审计成本越高,地方正挪用的可能性就越高。

证明:由上述推导,容易得到 $\frac{\partial p}{\partial c} = \frac{1}{r-s}$,由于 $r > s$,即 $\frac{\partial p}{\partial c} = \frac{1}{r-s} > 0$。

显然,国家财政部门的审计成本与地方政府挪用资金的概率呈正相关关系。随着国家财政部门审计成本的增加,地方政府挪用资金的概率将显著增加。这正好揭示了为什么国家财政农业资金挪用频繁的项目往往都是审计难度大的项目。

命题 7.3:在 CL 博弈模型中,一旦地方政府挪用国家农业财政投入资金,没有做到专款专用,则应受到相应的处罚。处罚成本越大,则地方政府挪用的成本就越大;相应的,国家财政部门的审计率也就越低。

证明:由上述推导,容易得到 $\frac{\partial \theta}{\partial f} = \frac{1-b}{(b+f)^2} < 0$。这意味着,惩罚成本与最优审计概率之间存在负相关关系,也就是说,惩罚成本越大,最优审计的概率就越低。

命题 7.4:地方政府的职业道德水平、遵纪守法意识与最优审计率之间也存在负相关关系。也就是说地方政府的职业道德水平与遵纪守法意识越高,国家财政部门的审计率就相应的越低。

证明:由上述推导,容易得到 $\frac{\partial \theta^{**}}{\partial m} < 0$。显然,地方政府因挪用财政农业资金的精神成本与对应的职业道德水平、遵纪守法意识与最优审计概率之间存在负相关关系。也就是说地方政府的职业道德水平与遵纪守法意

识越高，国家财政部门的审计率就相应的越低。

上述研究所蕴涵的经济学含义为：

1. 构造农业财政资金投入的监督机制，保证资金的运行效率和效果，依赖于不断提高地方政府的职业道德水平、遵纪守法意识。地方政府的职业道德水平与遵纪守法意识越高，国家农业财政投入资金被挪用的概率就越低，农业经济发展所需资金就能够得到根本性保障，因此，农业财政资金投入促进农业发展的效率提高才有根本性的保障。

2. 构造农业财政资金投入的监督机制，保证资金的运行效率和效果，依赖于不断提高国家财政部门的审计水平。审计水平越高，地方政府挪用农业财政投入资金的概率就越低。否则相反。

3. 构造农业财政资金投入的监督机制，保证资金的运行效率和效果，依赖于不断加大挪用资金的处罚成本。显然，地方政府挪用财政农业资金的处罚成本越大，挪用资金的概率就越低。否则相反。

第三节 农业信贷资金投入运行机制构建

随着农村金融服务体系的深入改革，通过信贷渠道强化农业信贷资金投入已经逐步成为越来越重要的途径。通过建立并完善包括农村政策性金融、农村合作金融和农村商业金融在内的多层次、全方位、互补性的农村金融体系，建立起支持农村建设资金循环的长效机制，更好地支持农村和农业发展。（陈国力，2006）当前，从农村信贷供给角度看，我国农村金融服务存在的主要问题是银行业金融机构在农村地区的机构网点较少，覆盖程度比较低，还有不少地方甚至存在金融服务空白，农村信贷资金供应与各地新农村建设形势不相适应。从农村信贷需求角度看，在信息不对称条件下，广大高度分散性农户具有收入不稳定、贷款风险大、担保机制匮乏等典型特征。由于农业信贷资金投入供需双方大量"信息不对称"现象，信贷双方"逆向选择"和"道德风险"广泛存在，从而决定了农业信贷资金投入的低规模、低水平与低效率。提高信贷农业投入的规模和效率，化解农户信贷危机，必须着力构建出一种基于信贷风险降低的农业信贷资金投入的风险分担机制。需要指出的是，这里的农户信贷除了一般意义上的农户之外，还包括了农村企业，为了行文的方便，本书统称为农户。显然，在目前农村经济发展过程中，一般意义上的农户占绝对优势，因此，本书也更倾向于这种一般意义上的农户。

显然，基于"个体理性原则"，广大分散的小规模经营农户在农业生产性活动和经营活动中均以不合作的形式广泛存在，"非合作博弈"就成为农民的信贷行为的"理性选择"，自然很难保证农业信贷资金投入的顺利实现。本节将综合运用信息经济学、博弈论等基本分析方法，借鉴关系型融资理论的崭新视角，构建一个基于信贷供需双方风险分担的农业信贷资金投入的机制设计框架，并设计出基于农业信贷资金投入效率改进的农业信贷投入运行机制，以达到提高农业信贷资金投入有效促进农业经济增长的战略目的。

一 基于客户经理的农业信贷资金投入机制

尽管欧美金融业发达国家的商业银行在推行客户经理制的过程中也遇到了许多问题。Baker（1993）指出，商业银行营销策略应该包含两大维度——功能维度（a functional dimension）和理念维度（a philosophical dimension），而银行普遍都过于重视功能维度，包括产品计划、定价、分销和促销等，而轻视理念维度的发展，即支持客户经理制的职业文化的发展。一些学者还指出，以关系型融资为主的商业银行客户经理制本身就存在不足，例如存在着阻碍竞争、信息俘虏（Giovanni Ferri etc, 2000）、过度抽象的个性化（Jean Perrien etc, 1995）和关系双重效应（Kent Eriksson etc, 2000）等诸多缺陷。但是，不可否认，客户经理制作为一种新的银行业务营销模式具有诸多优势，如有利于金融业务创新、有利于银行服务效率的提高，（陈研娇，2001；金雪军等，2005）易于满足"多向的"、"可持续交易"和"个性化"的客户需求，为"定制服务"（Customization Service）提供了可行性条件，如 Janny C. Hoekstra & Eelkok. R. E. Huizingh（1999），能够提高商业银行辨别客户信息的效率和准确度进而消除银行信贷的信息不对称（Rebel A. Cole, 1998）等。当前，农村金融仍然是我国金融体系中的薄弱环节，还存在不少的困难和问题，农村地区金融服务机构网点不足、金融机构支持"三农"的激励机制不够健全、农村金融机构法人治理结构仍不完善、农业保险与信贷抵押担保等发展尚不能满足农民需求。[中国人民银行：《中国农村金融服务报告（2008）》] 深入农户金融需求，在兼顾农村金融供需协调的条件下，探索将客户经理制的运行机制和基本思想借鉴到农村信贷资金投入中来，就显得十分迫切而紧急。

(一) 基本假设

客户经理和客户均属于"风险中性",信贷客户存在道德风险和逆向选择,且信贷风险较大。农业信贷金融机构之间存在激烈的市场竞争秩序。客户经理与客户之间信贷方面存在信息不对称现象。金融机构与客户之间存在较大的信息搜索成本。

(二) 模型设定与分析

基于客户经理的农业信贷资金投入机制设计如图 7-6 所示。

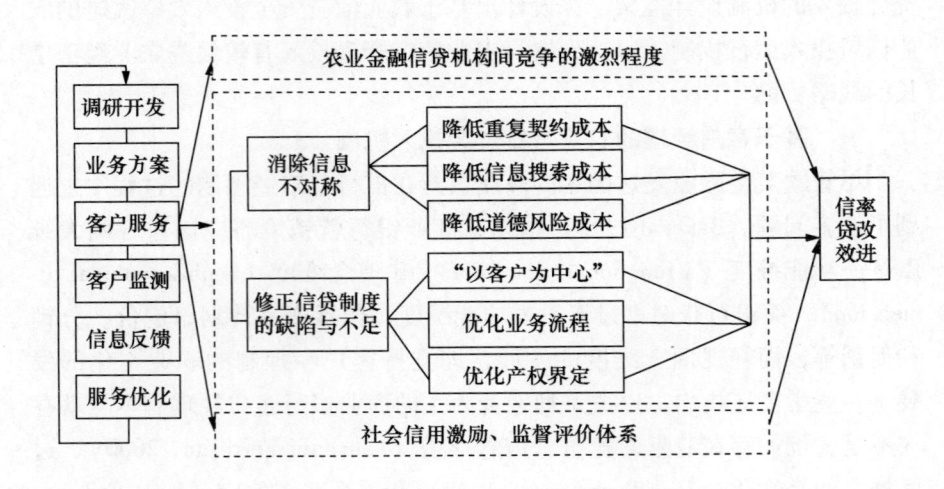

图 7-6 基于客户经理的农业信贷资金投入机制设计

1. 调研开发。主要针对现代客户的经营情况、发展近况、所处行业、主要产品、产品市场占用情况、产品生命周期以及产品市场预测等进行市场调研。对客户信用、资金使用情况进行调研。对拟开发的客户确定拓展目标、拓展策略、拓展措施以及所需的资源支持等,并根据客户的发展变化情况和新的产品需求及时调整计划。

2. 客户业务方案制订。客户经理按照商业化经营原则,与信贷客户洽谈合作内容,起草银企合作协议,报有权审批人批准,签订合作协议。

3. 客户服务。建立优良客户定期联系制度,及时掌握客户需求,为客户量身定做个性化金融产品,完善服务,提高效率;对优良客户提出的特殊服务和要求当地行不能满足时,要及时向上级行报告,做好客户维护与管理工作。

4. 客户监测。了解国家产业政策、产品市场信息，密切跟踪客户的经营情况，及时发现客户风险，分析风险产生原因，适当调整客户营销方案，制定相应的风险防范措施。

5. 信息反馈与服务优化。通过金融服务双方的多重博弈，不断收集参与方的行为信息，不断优化农业信贷资金投入的效率与水平。

农业信贷资金投入模式中引入客户经理运作机制的重点有别于商业银行：商业银行的工作重点是为客户提供"智力型"金融服务，巩固和发展客户，包括投资组合建议、经营方案评价、计算方式选择等。（林小平，2005）农业信贷资金投入引入客户经理制的关键是有效地消除信贷双方的信息不对称问题，在信贷额度和信贷广度方面表现出更强的适应性和灵活性。与此同时，引入客户经理制的农业信贷资金投入服务也能较好解决有效甄别与激励客户经理核心问题。从某种意义上看，张杰（2004）认为深度拓展农村信贷服务是国家宏观经济发展的战略决策，也是金融业面临外资银行压力、小额信贷深度拓展的一种必然反映和必然选择。具体而言，金雪军（2006）指出在农业信贷资金投入过程中引入客户经理这一中介，客户经理制比较有效地界定了银行与客户在可延续金融契约中的责权利关系，使得银行在签订再融资合同时能够以更低的成本获得关键信息，也使得客户企业能够以更低的成本获得银行再融资意向的有效信息，从而使以往的交易信息作为一种可传递和可延续的商业信息进入新的交易决策过程，消除或降低了银行和客户企业在达成可延续金融契约过程中由于双方的非理性行为所增加的额外权衡成本。

此外，客户经理制对信息不对称的消除作用对于"信息数码化"能力相对较弱的中小银行而言尤为重要，因为客户经理制使得中小银行能够借助"小银行优势"，通过客户经理来比较有效地获取和运用客户企业的私人信息，从而增强中小银行信贷决策的科学性。当然，不容忽视的，农业信贷资金投入运营机制中引入客户经理也是需要耗费成本的，但改革目前农村金融服务体系的考核分配机制，诱导管理层分流，利益向经营者倾斜，则可以在一定程度上抵消因引入客户经理制而造成的运营成本的增加。问题的关键之处还是在于引入基于客户经理的农业信贷资金投入机制是否相容，能否有效地解决农业信贷资金投入过程中的"逆向选择"和"道德风险"问题，这从根本上决定并持久影响农业信贷资金投入的规模、水平乃至运行效率。本节将引入委托—代理的分析框架，（张维迎，

2004）运用 Holmstrom & Milgrom 模型，以揭示引入客户经理制的农业信贷资金投入机制及其有效性。

命题 7.5：引入客户经理制的农业信贷资金投入机制运行能使客户经理的代理成本在信息不对称条件下显著下降，且能有效抑制客户经理的道德风险行为，客户经理的激励与农业信贷资金投入机制设计兼容。

证明：假设客户经理的努力水平为 a，a 是一个一维努力变量，农业信贷的产出函数为 $\pi = a + \theta$，其中，θ 满足 $E(\theta) = 0$，$\delta^2(\theta) = \delta^2$ 的正态分布随机变量，代表外生的不确定因素。定义 $E(\pi)$ 表示农业信贷期望产出，客户经理的努力水平决定产出的均值，但不影响产出的方差。表示为：

$$E(\pi) = E(a + \theta) = a, Var(\pi) = Var(a + \theta) = \delta^2 \tag{7.10}$$

假定农业信贷金融机构是风险中性的，客户经理是风险规避型的。考虑引入线性合同 $S(\pi) = \alpha + \beta\pi$，$\beta \in [0, 1]$。其中，$\alpha$ 是客户经理的固定收入（与 π 无关），β 是客户经理从总收益中分享的产出份额，即产出 π 每增加一个单位，客户经理的报酬将增加 β 单位。$\beta = 0$ 实际上意味着客户经理不承担任何风险，$\beta = 1$ 表示农村信贷机构承担全部风险。给定 $S(\pi) = \alpha + \beta\pi$，农村信贷机构的期望效用为：

$$Ev(\pi - s(\pi)) = E(\pi - \alpha - \beta\pi) = -\alpha + E(1-\beta)\pi = -\alpha + (1-\beta)\alpha \tag{7.11}$$

假定客户经理的效用函数具有不变绝对风险规避特征，即 $u = -e^{\rho w}$，其中 ρ 是绝对风险规避度量，w 是实际货币收入。假定客户经理的交易成本为 $C = C(a) = ba^2/2$（$b > 0$）可以等价于货币成本。客户经理的净收入函数为 w，那么 w：

$$w = S(\pi) - C(a) = \alpha + \beta(\alpha + \theta) - \frac{b}{2}\alpha^2 \tag{7.12}$$

确定性等价收入（Certainty equivalence）为：

$$Ew - \frac{1}{2}\rho\beta^2\sigma^2 = \alpha + \beta\alpha - \frac{1}{2}\rho\beta^2\sigma^2 - \frac{b}{2}a^2 \tag{7.13}$$

其中，Ew 表示客户经理的期望收入，$\frac{1}{2}\rho\beta^2\sigma^2$ 表示客户经理的风险成本。此时，客户经理的最大化期望效用函数 $Eu = -Ee^{\rho w}$ 等价于最大化上述确定性收入。

假定 $\overline{w}$ 为客户经理的保留收入水平，引入客户经理的参与约束条件：

$$\alpha + \beta\alpha - \frac{1}{2}\rho\beta^2\sigma^2 - \frac{b}{2}a^2 \geq \overline{w} \tag{7.14}$$

考虑到农业信贷机构可以监测客户经理的努力水平 a 时的最优合同，此时，激励约束 IC 不起任何作用，任何水平的 a 都可以通过参与约束 IR 的强制合同实现，因此，农村信贷的问题是选择 (α, β) 和 a，解下列最优化问题：

$$\max_{\alpha,\beta,a} Ev = -\alpha + (1-\beta)a$$
$$s.t. \ \alpha + \beta\alpha - \frac{1}{2}\rho\beta^2\sigma^2 - \frac{b}{2}a^2 \geq \overline{w} \tag{7.15}$$

第一，在信息对称情况下的客户经理最优努力程度均衡条件解为：

$$\begin{cases} a_s^* = \frac{1}{b}, \alpha_s^* = \overline{w} + \frac{1}{2b}, \beta_s^* = 0 \\ S_s^*(\pi) = \frac{1}{2b} - \overline{w} \end{cases}$$

第二，在信息不对称情况下的客户经理最优努力程度均衡条件解为：

$$\begin{cases} a_a^* = \frac{1}{b + \rho b^2\sigma^2}, \alpha_a^* = \overline{w} + \frac{1}{2b} \times \frac{b\rho\sigma^2 - 1}{(1 + b\rho\sigma^2)^2}, \beta_a^* = \frac{1}{1 + b\rho\sigma^2} \\ S_a^*(\pi) = \Delta RC + \Delta E\pi - \Delta C = \frac{\rho\sigma^2}{2(1 + b\rho\sigma^2)} \end{cases}$$

因此，信息不对称情况下（正常情况）客户经理的代理成本与信息对称情况下（理想状态）客户经理的代理成本之差为：

$$\begin{aligned} S_a^*(\pi) - S_s^*(\pi) &= \frac{\rho\sigma^2}{2(1 + b\rho\sigma^2)} - \left(\frac{1}{2b} - \overline{w}\right) \\ &= \overline{w} - \frac{1}{2b(1 + b\rho\sigma^2)} \\ &= \overline{w} - \frac{1}{2}a_a^* \end{aligned} \tag{7.16}$$

基于上述等式，可以得出以下结论：在农业信贷资金投入过程中引入客户经理制的条件下，分别考察信息对称与信息不对称条件下，农业信贷资金的客户经理是否存在"道德风险"问题的关键，在于银行是否能采取有效激励合同，使得客户经理的努力水平大于等于与其对应的机会成本，存在如下两种情况：

① 农业信贷资金投入引入客户经理制后，在信息不对称的正常情况下，他们的努力水平（a_a^*）小于等于 2 倍的保留效用 $\overline{w}$（客户经理的机

会成本），即满足 $S_a^*(\pi) > S_s^*(\pi)$，这说明农业信贷资金投入过程中引入客户经理制后，客户经理的代理成本在信息不对称状态下显著下降，理性客户经理偏好于向客户和银行提供平值或劣质服务，比较严重的客户经理败德行为和逆向选择问题就存在出现的可能性。

② 如果客户经理制能够使客户经理在信息不对称的努力水平（a_a^*）超过 2 倍的保留效用（$\overline{w}$），也即 $a_a^* > 2\overline{w}$ 成立时，$S_a^*(\pi) < S_s^*(\pi)$，那么说明客户经理制能够使客户经理的代理成本在信息不对称状态下显著下降，理性客户经理在真实市场中能够提供超值服务，客户经理制能够有效抑制客户经理的败德行为和逆向选择。

显然，在农业信贷资金投入过程中，能否保证其最终的运行效果，并不断改善和提高运行效率的关键是农业信贷客户经理的努力水平与其机会成本大小的权衡，权衡的关键是不断提高客户经理的努力水平，而提高客户经理努力水平的关键又是银行对客户经理实施有效的激励与约束机制。

二 基于团队激励的农业信贷资金投入机制

信息不对称将价值资源配置的扭曲和低效率（Stiglitz J, Weiss, 1981；H. Naci Mocan, 2001；Dean S. Karlan, 2005）。由于银行与贷款者之间存在严重的信息不对称现象，直接导致银行在实施信贷行为时面临四大难题——"逆向选择"（Adverse Selection）、"道德风险"（Moral Hazards）、"审计成本"（Audit Cost）与"契约执行"（Contract Enforcement）（Anjan V. Thakor & Richard Callaway, 2004；张军, 2005；Beverly Hirtle, 2008）。在上述难题下，将导致银行的"信贷配给"（Credit Rationing）行为，即那些无能力提供担保或抵押的农户或农业企业很难得到贷款，从而形成金融资源配置的低效率，即不可避免"信贷市场失灵"（Credit Market Failure）问题。而基于团体贷款的融资行为理论引入银行信贷中，大大改善了银行对"弱质"客户的融资效率（Sharma, Manohar & Zeller, Manfred, 1996；Lensink, Robert & Mehrteab, Habteab T., 2003）。受到 Susanne Steger & Helke Waelde（2007）的启发，我们首先将 Stiglitz - Weiss 模型引入到单一主体的农业信贷行为分析中，并进行简单拓展。然后，将团体借贷理论引入到农户的信贷融资行为分析中，构建基于团队激励的农业信贷自己资金投入机制，以期改善农户的农业信贷融资效率。

（一）假设条件

1. 经济系统中存在众多的客户，均为风险中性，由于普遍缺乏担保和抵押，对融资承担有限责任。每一客户拥有单一项目 i ($i=1, 2, \cdots, n$)，单一项目期望收益均同为 R，其中，项目 i 成功时期望收益记为 R_i^s，失败时记为 R_i^f。项目 i 成功的概率为 p_i ($0 \leq p_i \leq 1$)。银行借款是其唯一的融资渠道。

2. 经济系统中存在众多连续分布的农户信贷机构（银行），均为风险中性。银行不知晓客户农户的成功概率，但能掌握 p_i 在客户农户中的分布函数 $G(p_i)$，对应的密度函数为 $g(p_i)$。

3. 客户农户自有资金不足，即存在贷款需求。设定农户项目投资额为 K，银行利率为 r，需融入的资金为 $B = K - W$。

4. 贷款合同为标准债务合同。若项目成功，借款人偿还本息 $(1+r)B$；项目失败时，银行接管项目获得 R_i^f。且满足 $R_i^f < B(1+r) < R_i^s$ 条件。

（二）模型推导与分析

1. 农户信贷行为

假设客户 i 的期望收益为 $E(\pi_i)$，则 $E(\pi_i) = p_i[R_i^s - (1+r) \times B]$。依据假定 1，单一项目期望收益均同为 R，用 R 代替 R_i^s，得到 $E(\pi_i) = R - R_i^f - p_i[(1+r)B - R_i^f]$。对其进行求导，得到：

$$\frac{dE(\pi_i)}{dp_i} = R_i^f - B(1+R)，依据假设 4，可以得到 \frac{dE(\pi_i)}{dp_i} < 0$$

也就是说，农户的期望收益随项目成功概率的提高而递减。按照经验，按信贷农户项目风险高低分为 3 种类型：高风险项目、中风险项目以及低风险项目。显然，高风险的农户愿意为得到信贷融资支付更高的利息。反之，低风险的农户愿意支付的信贷利息就较低。毫无疑问，客户也可以选择利用自由资金进行生产投资，假设 ρ 代表安全资产收益率。客户农户的参与约束条件为，从项目投资中产生的期望收益不低于安全资产的期望收益。即：

$$E(\pi_i) = R - R_i^f - p_i[(1+r)B - R_i^f] \geq (1+\rho)W \qquad (7.17)$$

显然，农户项目投入成功的概率临界值为：

$$p = \frac{R - R_i^f - (1+\rho)W}{(1+r)B - R_i^f}，只有当 p_i \leq p 时，农户才申请贷款。若对 p 求导，可以得到：$$

$$\frac{dp}{dr} = \frac{B[R_i^f + (1+\rho)W - R]}{[(1+r)B - R_i^f]^2} \qquad (7.18)$$

考虑到农户对所选择的农业项目进行投资，投资成功的概率临界值满足如下恒等条件：$R - R_i^f - p_i [(1+r)B - R_i^f] = (1+\rho)W$。将之带入式（7.18），容易推出：

$$\frac{dp}{dr} = \frac{Bp_i[R_i^f + (1+\rho)W]}{[(1+r)B - R_i^f]^2} < 0 \tag{7.19}$$

显然，农户信贷融资后进行投资的边际项目成功概率与贷款利率成反比。信息不对称条件下的逆向选择表现为当银行提高利率时，高风险项目将把低风险项目逐出信贷市场，从而使得从事高风险投资的农户就较从事低风险投资项目的农户更容易融到资。由高风险农户与低风险农户共同构成了信贷市场需求。假定信贷市场的资金需求函数为：

$L^d = B\int_0^\rho g(p_i)dp_i(dp/dr < 0)$，农户申请贷款所投资项目的平均成功概率为 $\bar{p}$，该概率为：

$$\bar{p} = \frac{\int_0^\rho p_i g(p_i)dp_i}{\int_0^\rho g(p_i)dp_i} = \frac{\int_0^\rho p_i g(p_i)dp_i}{G(p_i)}$$。由于农户投资项目的成功首先取决

于信贷融资的成功，而信贷融资的成功又与信贷利息 r 密切相关。因此，求 $\bar{p}$ 关于 r 的导数可得：

$$\frac{d\bar{p}}{dr} = \frac{\frac{dp}{dr}g(p)[pG(p) - \int_0^\rho p_i g(p_i)dp_i]}{G^2(p)}$$

$$= \frac{\frac{dp}{dr} \cdot g(p)[pG(p) - \int_0^\rho p_i g(p_i)dp_i]}{G^2(p)} < 0 \tag{7.20}$$

显然，利率越高，农户信贷项目成功的平均概率就越低，而项目的质量就越低，信贷风险就越大。鉴于前提假设，农户信贷机构属于风险中性，在信贷前和信贷过程中，理性的农户信贷机构均会对信贷风险和信贷行为进行评估，如果再考虑到二者之间的重复博弈情况，那么自然出现两种现象，一是信贷利率低的项目因为受到利率高的项目的"驱逐"而无法从相应的农户信贷机构成功融资，最终导致农户从事农业投资生产的行为受限。二是信贷利率高的项目在实际运营过程中存在较高风险，银行自然又会产生"惜贷"的情形。如此循环的结果就是大大降低了单一农户所从事的信贷行为的成功概率。尽管后续的一些学者在 Stiglitz – Weiss 模

型的基础上引入了一些新的因素，比如考虑抵押因素等，但在揭示当前农户融资困难的运行机制方面所得推论是一致的。上述结论所蕴涵的经济学含义是：农户较之于城市工业融资客户而言，项目质量较低，因此，贷款风险较大。对于农户这一特殊群体，单一的农户贷款投资的质量就更低，银行信贷风险也就更大。产生的直接经济后果就是，尽管农户存在大量的融资需求，基于单一的农户融资需求很难得到满足。

2. 团体借贷对信贷市场低效率的改进机制

既然基于单一的客户农户的贷款行为很难实现，银行信贷要求很难满足。因此，构建基于团体借贷的信贷运行机制就很必要。团体贷款是近年来产生并发展的一种小额信贷（Microfinance 或 Microcredit），即银行向农户贷款人组团，团体之间负有连带责任，投资成功者有义务为无力偿还者偿还贷款。团体贷款因穆罕默德·尤努斯（Muhammad Yunus）在葛拉敏银行（Grameen 银行，即乡村银行）创立的无抵押团体贷款的96%的还款率而闻名于世。本书运用一个简化的"n 人团体"贷款模型来描述团体贷款的运行机制，从而揭示团体贷款有效克服银行农业信贷低效率运行的机理。

命题 7.6：基于团体贷款的横向监督机制发挥作用，对私人贷款是一种效率改进。团体贷款的还款率与贷款者的诚信程度、惩罚系数以及对团体关系程度成正比。

假设贷款人 i（$i = 1, 2, \cdots, n$）。在"n 人团体"贷款模型中，贷款人 i 的效用由贷款总额、个人诚信程度等组成：

① 定义贷款数量 $U_1(M_i) = m$，贷款数量 M_i 越大，贷款人带来的效用 $U_1(M_i^L)$ 就越大。

② 定义贷款者诚信度 $U_2(\lambda_i) = (1 - \lambda_i) \times x_i$。显然，贷款者诚信效用 λ_i（$0 \leq \lambda_i \leq 1$）与贷款人还款数量 x_i 的乘积。显然，一个人的诚信程度越高，λ_i 就越接近1，诚信效用水平 $U_2(\lambda_i)$ 就越高；贷款者还款数量 x_i 越趋于借款数额，诚信效用水平也越高。

③ 贷款者对团体贷款的关心效用 $U_3(r_i) = r_i \times \dfrac{2m - x_1 - x_2}{2m}$（$2m - x_1 - x_2$）。其中，$r_i$（$0 \leq r_i \leq 1$）为贷款者对团队贷款还款情况的关心系数。$r_i$ 越大，则表示单一团体成员对团体贷款关系系数越高。否则，则相反。

④ 贷款者的惩罚效应 $U_4(k_i) = -k_i \times \dfrac{m-x_i}{m}(m-x_i)$，其中，$k_i$ ($0 \leqslant k_i \leqslant 1$) 为还款惩罚系数。其中，$k_i$ 越大，表明对单一成员的惩罚系数就越大，否则，则相反。

⑤ 农户团队借款团队成员均有足够的热情考察各成员的私人信息 (Private Information)，并互相实施监督。为了简化期间，我们约定团体单一成员贷款金额相等。容易得到，贷款者的效用函数为：

$$U_i(x_i) = U_1(M_i) + U_2(\lambda_i) + U_3(r_i) + U_4(k_i) \quad (i=1,2,\cdots,n) \quad (7.21)$$

即 $U_i(x_i) = m + (1-\lambda_i) \times x_i + r_i \times \dfrac{2m-x_1-x_2}{2m}(2m-x_1-x_2)$

$$- k_i \times \dfrac{m-x_i}{m}(m-x_i)$$

考察完全信息静态条件下的团队借款博弈，则纳什均衡 (x_1, x_2) 为：

$$\begin{cases} U'_1(x_1) = -(1-\lambda_1) + r\dfrac{2m-x_1-x_2}{m} + 2k(m-x_1) = 0 \\ U'_2(x_2) = -(1-\lambda_2) + r\dfrac{2m-x_1-x_2}{m} + 2k(m-x_2) = 0 \\ \vdots \\ U'_n(x_n) = -(1-\lambda_n) + r\dfrac{2m-x_1-x_2-\cdots-x_n}{m} + 2k(m-x_n) = 0 \end{cases}$$

(7.22)

显然，农户在组建农业贷款团队时，会充分考察团队成员的个人信息（成员私人信息），从而使银行信贷的"纵向监督"(Longitudinal Supervision) 变为效率改进的"横向监督"(Horizontal Supervision)：一方面大大节约了银行信贷监督成本（一般而言由于信息不对称，银行对借款者实施监督是非常困难且高成本的），同时基于横向监督的效率水平有很大提高（一般而言，农户组建信贷团体时对团队成员的私人信息会严格考察）。实践经验表明，团体借款成员会一致拒绝那些诚信水平与他们不相称的成员加入，不妨假设贷款者诚信效用 λ_i 均相等，即符合条件 $\lambda_1 = \lambda_2 = \cdots = \lambda_n$ ($0 \leqslant \lambda_i \leqslant 1$)，即参与团体博弈的成员均为同质成员，则各成员的最优还款额就相同。将此条件引入上式，可得：

$$x_1 = x_2 = \cdots = x_n = \left[1 - \dfrac{1-\lambda}{2k-2}\right] \times m \quad (7.23)$$

定义单一贷款者的还款比例为 $p_i = \dfrac{x_i}{m_i}$，则团队还款比例可以表示为：

$$p = \sum_{i=1}^{n}[p_1 + p_2 + \cdots + p_n] = \sum_{i=1}^{n}\left[\frac{x_1}{m} + \frac{x_2}{m} + \cdots + \frac{x_n}{m}\right]$$，把上式带入 p，可得：

$$p = \left[\frac{\lambda + 1}{zk + 2r} + 1\right] \times mn \tag{7.24}$$

由于 m、n 为已经假定的常数，则 mn 也为常数。定义 $mn = \xi$。分别对上式求导，可得：

$$\begin{cases} \dfrac{dp}{d\lambda} = \xi \dfrac{1}{2k + 2r} > 0 \\ \dfrac{dp}{dk} = \xi > 0 \\ \dfrac{dp}{dr} > 0 \end{cases} \tag{7.25}$$

显然，我们可以发现团体贷款的还款率与贷款者的诚信程度、惩罚系数以及对团体关系程度成正比。青木昌彦（2001）指出，基于团体贷款的横向监督机制充分发挥作用，远远优于个人贷款行为。上面对团体贷款进行的是一次博弈分析，也不排除进行多次合作的可能性。若进行多次合作博弈，贷款者更加重视自己的声誉。有理由相信，团体贷款的各成员之间更加了解各团队成员的私人信息，更加重视自己的团队成员关系。因此，横向激励与监督机制的作用将更加明显，团队借款效率将显著提高。需要指出的是，团队借贷机制设计中并不是团队成员越多越好，需要有一个合适的团队规模。限于篇幅，本书对于团体借贷的最优规模问题就不进行深入讨论了。

三　基于担保治理的农业信贷资金投入机制

目前，农户普遍缺乏有效的信贷风险分担机制，既缺乏有效的信贷抵押标的（农村房产及土地承包经营权为抵押担保物受限），又没有有效的信贷担保运行机制，农户"无钱经营、无物抵押、无人担保"现象突出。关于农户信贷担保体系，大致可归纳为 3 大类型：以政策性担保为主导、以商业性担保为主导与以互助性担保为主导。（王家传，2006）其中，政策性担保机制的作用和绩效正越来越受到置疑，单纯的商业性担保的运行模式又受到农村经济活动的限制，互助性担保就显得非常有必要了。互助担保是依赖于小农业企业或农业企业加农户集群成长起来的一种担保形式,它主要是为满足群内企业资金需要而建立的相互担保机制。我们认为,建立互助性担保机制为主体,政策性担保与商业性担保为补充的信贷农业投入担保机制将是最优设计。接下来,我们将拓展一个互助担保博弈。

假设1 在信贷市场中,参与人集合 $N=\{1,2,3\}$,其中,1 表示担保方,2 表示银行,3 表示农户。担保方的行动空间为 $A=\{a_1,a_2\}$,其中,a_1 表示提供担保行为,a_2 表示不提供担保行为。$B=\{b_1,b_2\}$ 表示农户的行动空间,b_1 表示有偿还意愿行为,b_2 表示无偿还意愿行为。$C=\{c_1,c_2\}$ 表示银行的行动空间,c_1 表示银行提供贷款行为,c_2 表示银行不提供贷款行为。

假设2 博弈参与方均为风险中性,农户在担保过程中的成本为 K,担保方知道农户投资成功的概率 p 和预期收益 I,且 $P \times I = I_0$ 为常数。担保机构全额承保,提供担保额为 G,农户向担保机构支付的费用为 W_h,银行为农户提供贷款 D,银行支付的固定利率为 R。U 为对应不同情形下的收益函数。

互助担保贷款的决策扩展式模型如下。见图 7-7。

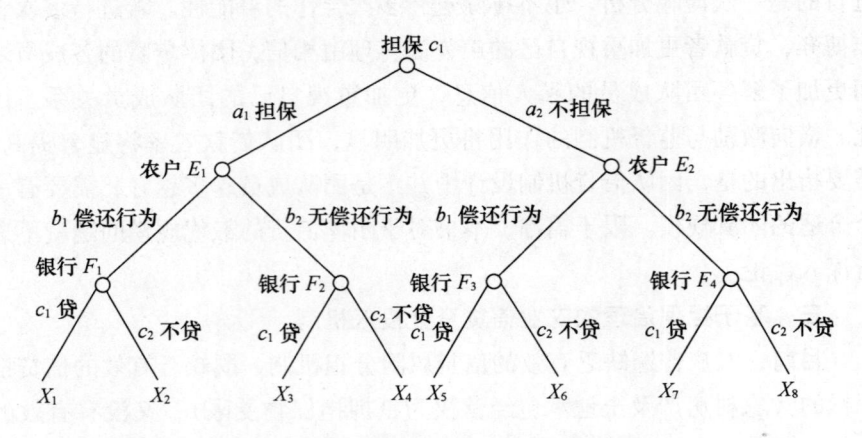

图 7-7 互助担保贷款的决策扩展式模型

命题7.7:在农户融资担保过程中,对于担保方和农户而言,关键在于其风险分布与不同风险对应的收益。互助担保作为一种有效的信号传递机制和信息甄别机制,能有效缓解信息不对称问题,抵押品的数量和质量也是农户信贷契约设计中的关键变量。

依据上述互助担保的决策扩展式模型，容易得到：

$Ux_1 = (u_1, u_2, u_3) = (W_h, I_0 - (I+R) \times D - W_h - K, DR)$

$Ux_2 = (-W_h, -K, 0)$

$Ux_3 = (W_h - G, I_0 + D - W_h - K, G - D)$

$Ux_4 = (-W_h, -K, 0)$

$Ux_5 = (0, I_0 - (I+R) \times D - K, D \times R)$

$Ux_6 = (0, -K, 0)$

$Ux_7 = (0, I_0 + D - K, -D)$

$Ux_8 = (0, -K, 0)$

采用逆向选择法求解基于互助担保的博弈模型的均衡解。首先，农户将根据利益最大化原则对贷款行为进行选择：在 F_1 决策点，由于 $DR>0$，银行将选择贷款，X_1 被保留；在 F_3 决策点，由于 $DR>0$，银行选择贷款，X_5 被保留；在 F_4 决策点，由于 $-D<0$，银行选择不贷款，X_8 被保留。将选择保留的各个决策点比较收益大小、农户作出守信和失信的选择。因为农户在投资前预期收益是大于零，故 E_1、E_2 决策点农户将选择 X_1、X_5。最后，通过剩余两个选项比较，对担保机构 c_1 而言，获益最大就是最后的博弈均衡战略。所以，在 c_1 决策中，因为 $W_h>0$，因此担保机构将选择提供担保，从而选择 X_1。

通过上述分析，"担保，守信，贷款"是互助担保贷款的决策扩展式模型的均衡解，对应的收益为 $(W_h, I_0 - (I+R) \times D - W_h - K, DR)$。由于该模型的假设条件过强，比如，农户的还款行为仅仅假设为还款意愿的函数。现实中，显然还与其还款能力相关。担保机构和银行通常是依据行业收益率和企业历史信用记录来估计 p 值大小。显然，如果将上述模型进行重复博弈，仍然可以得到上述均衡解。

第四节 农户农业资金投入运行机制构建

强化农户自有农业资金投入，构建农户农业资金投入机制，也是改善和提高农业资本投入效率的关键之一。将农户高额储蓄转化为农业资本性投入，是实现农业资本的生产能力扩张与农民收入的可持续性增长的重要手段之一，也是改善农业生产绩效、促进农业经济高效率增长的重要途径。一般而言，在构成农业资本投入的结构中，农民毫无疑问应该扮演重要角色，然而近年来出现农业用资本性投入连续下降的局面，直接影响到农业生产效率的改善和提高，从而使得引导农户扩大对农业的生产性投入，全面构建农户自有农业资金投入的运行机制就显得重要而迫切。众所周知，影响农户扩大农业资本性投入的影响因素是十分复杂的，本节将农户预算收入、资本性投入收益与非资本性投入收益纳入到农户从事资本性投入的生产行为予以分析。

假定单一农户的农业资金投入为 y_i，其中 $i = 1, 2, 3, \cdots, n$，表示不同的农户。一般而言，农户的投入资金越多，收益就越大，即 $\frac{\partial u_i}{\partial y_i} > 0$。假定单一农户基于农业资金投入的效用函数为 $u_i(x_i, y_i)$。在投入资金中，包括资本性资金与非资本性资金，其中，x_i 表示除农业资本投入以外的其他投入。假定农户的效用函数 $u_i(x_i, y_i)$ 满足规模报酬递增性质，令：

$$u_i(x_i, y_i) = x_i^{\alpha}(1 + y_i)^{\beta}, 且 \alpha > 0, \beta > 0。 \tag{7.26}$$

显然，α 表示的农户其他投入的边际收益率，β 为农户农业资本性投入的边际贡献率，且满足条件 $\frac{\partial u_i}{\partial x_i} > 0$，$\frac{\partial u_i}{\partial y_i} > 0$。假定 p_x 为农户其他投入的单位成本，p_y 为农户农业资本性投入的单位成本，I_i 为单个家庭所面临的预算约束线。农户的选择生产投入或非生产投入要受到农户家庭预算约束线 I_i 的约束。假定其他外部条件不发生变化时，效用最大化条件下，农户将选择自己的最优战略 (x_i, y_i)：

$$\max u_i(x_i, y_i)$$
$$s.t. \ p_x x_i + p_y y_i = I_i, i = 1, 2, \cdots, n \tag{7.27}$$

为了求解农户的最优投入行为，构造拉格朗日函数：

$$L_i = u_i(x_i, y_i) + \lambda(I_i - p_x x_i - p_y y_i) \tag{7.28}$$

最优化一阶条件为：

$$\frac{\partial u_i}{\partial y_i} - \lambda p_y = 0, \frac{\partial u_i}{\partial x_i} - \lambda p_x = 0$$

容易得到 I_i 个家庭最优投入时的均衡条件为 $\frac{\partial u_i}{\partial y_i} = \frac{\partial u_i}{\partial x_i}$

得到最优均衡解 (x_i^*, y_i^*)，根据效用函数模型可以得到：

$$\frac{\partial u_i}{\partial x_i} = \alpha x_i^{\alpha-1}(1+y_i)^{\beta} \qquad \frac{\partial u_i}{\partial y_i} = \beta x_i^{\alpha}(1+y_i)^{\beta-1} \qquad (7.29)$$

由于 $\frac{p_y}{p_x} = \frac{\beta x_i}{\alpha(a+y_i)}$，代入预算约束线可以得到：

$$y_i^* = \frac{\beta}{\alpha+\beta}\frac{I_i}{P_y} - \frac{\beta}{\alpha+\beta}\left(1 + \sum y_i\right) \qquad (7.30)$$

从式（7.30）中容易发现，农户均衡农业投入资金 y_i^* 与农户的家庭预算约束 I_i 正相关，家庭预算高，则农业资本投入就高。农户均衡农业投入资金 y_i^* 与农业资本投入贡献率 β 呈正相关关系，如 β 越大，则 y_i^* 就越大。此外，上式还反映了农业投入资金与农户其他支出之间的一种替代关系，非资本性投入的贡献率 α 越大，相对农业资本性投入 β 就越小，y_i^* 就越小，即均衡农业资本性投入就越少。

当然，还可以将上述模型进行扩展，通过引入家庭预算约束 I_i 函数，从而更加深入探索农户从事农业资本性投入机制与投入模式。但是需要指出的是，在说明农户为农业发展实施农业资金投入方面的机理所发挥的解释力与效用是基本一致的。上述结论暗含的经济学含义是，若要提高农户从事资本性投入的积极性，加大农户自发从事农业资本性投入的力度与水平。一方面要加快农户收入增长的水平，农户收入稳定性增长预期可以极大地激发农户从事农业资本性投入的效率与水平；另一方面，就是国家采用宏观经济政策调控确保农户从事农业收入所获取的收益水平优于非资本性投入的收益水平。因此，在改善农业投资收益、稳步增加农户收入的同时，引导农户积极农业资本性投入也是确保农业资本性投入扩大与增加的重要举措。

第五节 本 章 小 结

农业资本性投入的扩大来源于多元化的农业资金投入，改善和提高农业资本投入的效率水平关键建立主体明确的农业资金投入机制，该机制的有效运作是从根本上提高农业资本投入效率、稳步缩小区域差异的关键。基于效率改善的农业资金投入机制的建立不仅可以扩大农业资本投入规模、缓解投入不足的瓶颈，而且还可以有助于纠正投入过程中的区域差异机制，最终区域农业经济的协调、可持续发展。本章将基于效率改进的农业资本投入机制的构建重点放在三个方面，即农业财政资金投入、农业信贷资金投入以及农户自有资金投入，三个方面协调配合，全面构建起效率改进的多元化农业资金投入机制。从农业财政资金投入角度看，要明确各级事权划分与资金的使用范围，解决资金分块管理问题，以县级财政为中心对农业财政资金投入实施整合，使有限的资金形成整体合力。同时，还要健全农业财政投入资金的监督机制，通过加大审计力度和处罚成本、提高职业道德水平建设等稳步扩大农业财政资金投入规模、提高投入效率。从农业信贷资金投入角度看，建立客户经理投入机制、团队激励借贷机制以及农户担保机制均可以有助于提高信贷农业资金投入水平。当然，在改善农业投资收益的条件下引导农户自有资金投入到农业发展中去，也是一条重要途径。

第八章　研究结论、政策建议与研究展望

第一节　研究结论

本书是关于"农业资本投入与运行机制"的研究。本书的研究思路为：在对农业资本投入与农业经济增长进行理论思考的基础上，首先，运用统一口径的最新统计数据对全国与省际农业资本投入量进行审慎的估算工作，接着实证全国与省际农业资本投入与农业经济增长的关系，从而为农业资本投入促进农业经济增长获得实践经验的支撑。然后，深入探索农业资本投入效率及其区域差异，并从农业资本投入角度分析差异的原因及其作用机理。最后，重点从农业财政资金投入、农业信贷资金投入与农户自有资金投入三个维度全面构建基于效率改进的农业资金投入机制。本书研究有五大目标：一是对全国以及省际农业资本投入量进行细致的、谨慎的估算工作。二是对农业资本投入促进农业经济增长的机制进行实证，以获得经验数据的实证支持。三是深入探索农业资本投入效率及其区域差异与成因。四是全面构建基于效率改进的农业资本投入机制。五是扩大农业资本投入规模并改善农业资本投入效率的政策设计。农业资本投入及其运行机制实证研究的基本结论如下：

1. 基于统一数据口径的估算结果与国内研究文献呈现出较强的一致性，但估计更为可信。1978—1990 年，采用本书口径的估算与其余估算非常相似；1990 年后，本书的估算结果较其余估算结果略微偏高，分析不同估算结果之间差异的主要原因是在于缩减指数的确定。在确定资本品缩减指数中，由于近年来我国农业的快速发展，农产品价格不断攀升，从而使一些估算过程中缩减指数相对较大。而本书认为资本品价格与产业 GDP 相比较而言，要有一个滞后期，因此缩减后的结果偏小，故本书的

估算结果要稍微偏高。需要指出的是，农业GDP价格指数与固定资本形成的价格指数并不存在对应关系。

2. 我国农业经济波动是农业资本投入、农业技术进步与农村金融发展综合作用结果。其中，农业资本投入波动可以在较短的时间内引起农业经济波动，且波幅较大，而技术冲击则从更长的时期内对农业经济波动产生影响。尽管农业技术进步、农业资本投入和农村金融发展波动都是农业经济增长波动的影响因素，但脉冲响应函数表明：资本投入波动是经济增长波动的主要影响因素，农村金融发展次之，而技术进步引致的经济波动则更为平缓和持久。此外，农业技术进步、农村金融发展与农业经济波动的单向因果关系则表明我国农业经济增长过程中不断推进技术进步与农村金融发展，而技术进步与农村金融发展却并不内生于农业经济增长，技术进步、农村金融发展往往与农业经济增长的实际相脱离的实际情况，这一研究结论实际上也暗含着需要加强国家的宏观调控来促进技术进步与农村金融发展，并保持技术进步、农村金融发展与经济增长相协调的推论。基于省际农业资本投入的面板计量检验表明，农业资本投入与农业经济增长之间存在均衡稳定的长期关系。

3. 农业经济增长的源泉在于农业资本投入效率获益，而无效率或低效率存在的情况下，必将削弱农业经济整体增长的实效。农业资本投入效率分析结果表明，我国农业经济增长过程中资本投入促进作用显著。1978—2006年，全国、三大经济区的资本投入效率均得到了显著的增长与提高，整体上呈现东高西低的格局。大致可以划分为两个阶段：20世纪90年代中后期之前为第一阶段：全国以及三大经济区均呈现典型的上升趋势，农业资本投入效率得到显著的改善与提高。第二阶段为20世纪90年代至今：全国与三大经济区农业资本投入效率呈现缓慢下降趋势。一个可能的推论是我国农村经济增长中技术要素在驱动经济增长方面的作用和重要性得到显著的改善和提升。此外，三大经济区资本投入效率下降过程中效率差异有持续扩大的特征也值得重视。采用Theil指数与M指数测算的三大经济区与省际农业资本投入效率差异变化大致可以在1990年左右划分为两个典型阶段：1978—1990年前为第一阶段（Ⅰ），1991—2006年为第二阶段（Ⅱ），整体呈现"U"形特征。阶段Ⅰ的典型特征为资本投入效率差异显著的下降，表明三大经济区与省际农业资本投入效率差异在该阶段显著的缩小。阶段Ⅱ的突出特征是效率空间差异的持续扩大化，且本阶段差异的最高水平已经远远超过了阶段Ⅰ的最高水平。这种空间差异的持续扩大化应该引起足够重视。

4. 农业资本投入效率的区域差异一方面与农业资本投入区域空间分布的非均衡性密切相关，农业资本投入的空间非均衡性直接导致了农业资本投入效率的区域差异；另一方面与农业资本形成的来源密切相关，农业资本来源于农业投入资金，而农业资金的来源和规模从根本上决定了农业资本投入的规模与效率。从农业资本投入角度看，农业资本投入区域空间分布的内在机理强化了区域分布的不平衡机制。省际农业资本投入存在明显的集聚效应（Clustering），且集聚过程中有轻微波动，省际农业资本投入分布呈现明显的"核心—外围"区域特征，即以东部沿海为核心，以广大的中西部地区为外围的发展格局。同时，农业资本投入影响因素也表现出空间依赖性，引入空间权重矩阵的计量结果表明，包括第一产业增加值（$AGDP$）、农业资本形成总额（AK）、农村人均纯收入（PIN）、农村金融发展水平（RFD）、乡镇企业数量（RQC）、地方财政收入水平（FIN）、农村受教育水平（UEL）、城镇化水平（UR）与省际农业资本投入水平之间均呈现显著的影响关系。从农业资本形成的来源角度看，农业财政资金、农业市场实现资金与农户农业资金共同构成了农业发展投入资金，并按照比例转化为农业资本投入。地区财政总收入还是地区农户收入均呈现"东高西低"的特征，地区农业财政资金投入与农户农业资金投入与其高度一致，因此，依赖于地区农业财政投入与农户农业资金投入转化的农业资本性投入自然也呈现出"东高西低"的区域差异特征。而农业资本投入的市场实现资金在市场机制作用下，自然就会形成农业资本投入在东部地区农村相对集中的经济现象，从而导致农业资本因集聚而产生的知识外溢效应，有助于提升东部农村经济系统的增长率，最终改善东部地区农村资本投入的产出效率。

5. 基于效率改善的农业资本投入机制构建需要从农业财政资金投入、农业信贷资金投入以及农户自有资金投入三个角度着手，从而全面构建起效率改进的多元化农业资金投入机制。从农业财政资金投入角度看，首先要明确各级政府的事权划分与资金的使用范围，解决资金分块管理问题，以县级财为中心整合农业投入资金，使有限的资金形成整体合力。同时，还要健全农业财政投入资金的监管机制，通过加大审计力度和处罚成本、提高职业道德水平建设等改善农业财政资金的水平与效率。从农业信贷资金投入角度看，建立客户经理制、团队激励借贷机制以及农户担保机制均可以有助于提高农业信贷资金投入水平。此外，从长远角度看，在政府的引导和逐步改善农业投资收益的条件下，逐步增强农户自有资金投入到农业经济发展过程中去，并稳步提高农户生产性投入比例也是扩大农业资本投入的重要途径与选择。应该看到，全面构建起基于效率改进的农业资金投入机制，稳步实现农业资金投入向农业资本性投入转变，强化农业资本性投入促进农业经济增长的积极促进作用，应该是一项长远的、带有战略性意义与作用的系统工程。

第二节 政策建议

稳步扩大农业资本投入的规模，积极实现农业资金投入向农业资本性投入转变，改善和提高农业资本投入效率，加快推进农业经济增长和新农村建设进程，最终实现城乡统筹的战略目标是一项宏伟的系统工程。从长远角度看，需要从转变思想观念、加大农业财政投入、增加农村信贷、拓展农户资金投入等角度入手，从而构建出一个稳定、长效的农业资本投入机制。

1. 积极转变思想观念，切实高度重视农业资本投入促进现代农业与农村经济增长的运行机理，重塑农业的市场地位，将现代农业发展的资本性投入放在农村投入的战略优先位置。

从长远看，解决农民收入与农业发展问题的出路只有两个：一是提高农业劳动生产率，二是扩大农民的非农业就业机会。而建设现代农业，提高农业劳动生产率，则是促进农民收入增加的重要途径，而提高劳动生产率的关键就是加大现代农业的资本性投入。（陈锡文，2007）一般而言，农业资本主要包括在农业生产过程中能重复使用的生产设备或购置的有形固定资产，例如机械、建筑、土地改良。在某种意义上，农业资本性投入与运行情况直接决定或影响农业与农村经济发展，但实践层面却不容乐观。从国家层面看，我国长期以来，实施"重工业、轻农业，重城市、轻农村"的发展战略直接导致了农业资本投入总量不足、结构不合理。（林毅夫，2006）其中，农业指出结构不合理的典型表现之一就是直接服务于农业生产的资本性投入偏低。近年我国对"三农"投入有了增加，但用于农业支出数额并不大，仅占整个"三农"支出的15%左右，并且农业支出的增长幅度也小于整个"三农"支出的增长幅度和国家财政收入增长幅度，其中，直接用于农业生产公共基础设施建设的费用就更少。（柯炳生，2007）而且，在支农投入结构中，能直接促进农业综合生产能力提高的比重并不高。重大水利工程、生态建设工程等社会效益显著、受益对象显然不仅仅局限于农业的基础设施建设但却一直统计在农业投资中（占中央农业基础设施投资的70%左右，直接用于农业综合生产能力建设的占11%），这在一定程度上夸大了政府对农业投资的规模。同时，在农业基本建设投资中，也存在过多依赖国债资金投入的问题。此外，从地方政府角度看，由于地方农村经济发展水平普遍较低，地方乡镇政府债务负担普遍较重，因此，能用于农业发展资本性投入的数量就非常少。而农户在收入硬约束条件下投入更少。

上述问题的存在直接导致了农业资本性投入规模小、比例低的局面。加大农业资本性投入，突出农业发展直接相关的基础设施的建设是关系到农业与农村经济发展的关键问题，只有从思想上彻底认清农业资本投入与农业与农村经济发展的关键作用，国家层面、地方政府以及农户一起努力，形成多元化的农业资本投入运行机制，才能从根本上改变农业资本性投入长期落后的格局。

2. 持续加大政府财政农业投入，明晰中央和地方的财权与事权，探索项目制投入模式，坚持以县级财政为中心进行整合，重点突出对现代农业与农村基础设施建设，加大财政投入的审计与监督力度。农村社会事业发展要靠财政，基础设施投入要发挥先导作用。（韩俊，2007）

具体而言，首先，要明确现代化农业基础设施建设的基本内容包括五大基本内容：① 抓好农田水利建设。突出对大型灌区续建配套和节水改造用水总量控制和定额管理、扩大大型泵站技术改造实施规模与范围、加大对农业综合开发中型灌区节水改造投入、加快西南地区中小型水源工程建设、增加小型农田水利工程建设补助专项资金规模等。② 切实提高耕地质量。强化和落实耕地保护责任制、控制农用地转为建设用地规模、加快建设旱涝保收高产稳产的高标准农田、扩大土壤有机质提升补贴项目试点规模和范围等。③ 加快发展农村清洁能源。继续增加农村沼气建设投入，支持有条件的地方开展养殖场大中型沼气建设。在适宜地区积极发展秸秆气化和太阳能、风能等清洁能源，加快绿色能源示范县建设。加快实施乡村清洁工程，推进人畜粪便、农作物秸秆、生活垃圾和污水的综合治理和转化利用。④ 加大乡村基础设施建设力度。重点推进农村公路、农村饮水工程、农村电网改建、其他农村小型基础设施等的建设进程。⑤ 发展新型农用工业。农用工业是增强农业物质装备的重要依托。积极发展新型肥料、高效农药、多功能农业机械等新型农业投入品。加快农机行业技术创新和结构调整，重点发展大中型拖拉机、多功能通用型高效联合收割机及各种专用农机产品等。通过鼓励发展循环农业、生态农业，有条件的地方可加快发展有机农业，全面提高农业可持续发展能力。

其次，强化财政投入的决策机制与分担机制。虽然《农业法》、《预算法》等法律对农业的投入规模、资金预算管理做了规定，但编制支农预算时缺乏可行性分析制约了投入决策的质量、投入决策程序和支农预算编制不规范影响了资金投入效率，在这种软约束条件下，自然中央和地方财政的投入分担责任和义务就无法有效落实。因此，健全财政农业资本投入运行管理机制是由决策与调控、组织与运行、监督控制与绩效评价四大子系统构成。各子系统工作内容和侧重点各异，所要解决的问题也有所不同。

此外，鉴于当前资金使用管理分散现象比较突出从而严重影响农业资本性投入资金使用效益和政策效应发挥的客观现实，探索以县级为主和多级次整合相结合，以农业农村发展规划为依据，以主导产业、优势区域和重点项目为平台，以切实提高财政农业投入资金使用整体效益为目的，通过建立政府领导、部门配合的协调机制，整合各部门、各渠道安排的财政农业投入资金，逐步形成项目科学、安排规范、使用高效、运行安全的使用管理机制，从而逐步规范政府支农资金投向，提高支农资金的使用效益。

最后，在实施过程中，强化农业资本性投入资金的项目遴选、预算编制、项目审计等工作，最终从根本上保障财政农业本性投入的运行实效。

3. 持续加大农业信贷资金投入力度，充分发挥农业财政资金投入的示范作用，通过完善多种农业信贷资金投入运行机制，逐步建立起基于农户需求的商业金融、合作金融、政策性金融和小额贷款组织互为补充、功能齐备的农村金融体系，探索建立多种形式的担保机制，引导金融机构、社会资金等增加对农业与农村发展资金投入规模与水平。随着金融体制的改革，国有商业银行逐步退出农村，农村信用社的支农能力弱，农业发展银行业务范围窄，邮政储蓄在农村只存不贷，存在贷款利息偏高现象，农民和涉农企业贷款需要得不到有效满足。小额信用贷款很受农民欢迎，但贷款周期短、额度小，作用有限。上述问题的存在严重制约了信贷农业资本投入的规模和效率。

有效缓解该问题对信贷农业资本投入的负面影响，首先，各农业信贷机构要高度重视信贷农业资本投入，在国家法律和制度的引导下，建立起以合作金融为主体、以政策性金融为保障，以商业性金融为补充，与我国城乡统筹发展相适应的农村金融服务体系。构造出以政府协调为主导，市场协调为基础，政府、民间和企业相互配合，多种手段综合运用，不同协调主体分工明确，功能完善的信贷农业资本投入运行模式。其次，要积极探索建立多种形式的担保机制，引导金融机构增加对"三农"的信贷投放。加大支农资金整合力度，抓紧建立支农投资规划、计划衔接和金融机构部门信息沟通工作机制，完善投入管理办法，集中用于重点地区、重点项目，提高支农资金使用效益。加快农业投入立法进程，加强执法检查。最后，积极探索基于农户金融服务需求导向的信贷农业资本投入运行机制。重点探索基于客户经理制的运行机制、基于团队激励的信贷农业资本投入机制和担保治理的信贷农业资本投入机制。

4. 动员农户自有农业资金投入，充分发挥财政资金投入的示范作用，引导吸收农村社区集体组织和农户资金投入农业生产经营活动，最终形成政府、农村金融机构与农户协调互补的多元化农业资金投入体系。我国有60多万个村庄，把村庄一级农民直接可以收益的各种公共设施都纳入公共财政的支持范围是不现实的，政府的投入只起引导作用，要发挥农村社区集体组织和农民在投入中的主体作用。所以要采取"少取多予放活"政策，最核心的是"多予"。现在政策上对组织农民投工投劳参与村庄公共工程建设已经有了松动。如果能让农民直接受益，大多数农户愿意为集体小型公共工程出资出劳。具体把握好三个原则：一是不要急于求成，要充分考虑农民的实际承受能力，处理好建设与发展的关系；二是不能违背农民意愿，要建立在农民自觉自愿的基础上，禁止乱摊派；三是建立起严格的对农民筹资投劳使用的监督和管理制度。应该看到，制约农民收入增长的因素是多样的，既有制度与体制的制约，也受农业结构和农民自身素质的影响，此外，宏观经济环境对农民收入的影响也不容忽视。若要继续保持农民收入稳定增长，第一，政府要在城乡统筹发展的背景下，打破城乡二元结构的局面，通过促进城乡要素资源流动，改变城乡规划、城乡投入以及城乡建设分割对立的局面，通盘考虑、调整优化各种资源在城乡间的协调配置。第二，大胆创新财政金融协调配合促进农民收入增长的机制，探索农村土地流转、农村土地集约经营的新模式，将农民增收问题纳入到城乡统筹发展的进程中来。第三，应以农民就业最大化为基本国策，有条件的地区应尝试建立代表农民利益的综合部门，创新农民的组织化形式或程度，积极培育农民新型合作经济组织，逐步提高农民的市场谈判地位和话语权；第四，因地制宜、因时制宜的深入探索"龙头企业＋农户"的"1＋1"模式、"龙头企业＋担保公司＋农户"的"2＋1"模式或者"龙头企业＋乡村银行＋担保公司＋农户"的"3＋1"模式，分层试点，逐步推进。第五，建立、健全新型农村医疗卫生制度、养老保险制度、农业风险预警制度等制度体系，基础好的地区还可尝试在发展"订单农业"的同时逐步融入农业期货市场，充分发挥资本市场组织农产品流通、指导农业生产、规避农产品价格风险、增加农民收入的功能。应该看到，保持农民收入稳定增长是一项系统工程，要有紧迫感，同时又要审慎的进行。此外，政府还可以通过扩大贴息、补贴等方式，吸收金融资金、民间资本、工商资本等投入农业综合开发。只有切实加大对农业的投入力度，加强农业基础设施建设，改善农业生产条件，农民增收的步伐才能迈得更稳、更快。增加农业投入，是建设现代农业、强化农业基础的迫切需要。必须不断开辟新的农业投入渠道，逐步形成农民积极筹资投劳、政府持续加大投入、社会力量广泛参与的多元化投入机制。

第三节 研究展望

本书将研究的兴趣集中在我国与省际农业资本的估算与分解上，以此为基础，对农业资本投入进行实证检验，并深入探索其农业资本投入效率的区域差异及其成因，最后从运行机制角度，从农业财政资金投入、农业信贷资金投入以及农户自有农业资金投入三方面，构建基于效率改进的农业资本投入机制。需要指出的是，农业资本投入估算、农业资本投入效率测算及农业资本投入机制构建在理论和实践层面均是一项崭新的、具有挑战性的工作，同时也是异常复杂的。尽管本书在数据采集、研究方法与研究视角等方面进行了尝试，随着研究工具、研究方法、研究视角均处在不断创新之中，本书的研究也存在一定的局限性。但以此为基石所继续进行的探索也是异常诱人的，这也构成了本书继续探索的方向。

1. 关于农业资本投入效率比较问题。本书通过运用 DEA 方法对中国农业投入效率进行了测算，但遗憾的是没有能对世界典型国家的农业资本投入状况进行估算，并进行投入效率的比较分析。尽管本书对此作出了努力，但是部分数据仍然无法获得，这直接制约了效率比较的深度和广度。在对欧盟国家的资本投入数据收集的基础上，继续完善这一工作，将成为本书的一项目重要后续工作内容。

2. 尽管众多的研究文献有力支撑了我国农业资本投入不足的论断，而本书也沿用了这一假定，那么，农业资本投入与农业经济增长运行之间是否存在一个最优资本投入量问题？如果存在，那么最优的资本投入边界与区间又在哪里？这也是一项非常有挑战性的工作。

3. 随着农业资本投入估算及其问题研究的相对深入，运用同样的估算原理与方法，对工业与第三产业的资本投入进行估算也是一项非常诱人的研究工作。以此为基础，衍生出来的工业与第三产业资本投入效率问题也一样构成重要的研究议题。需要指出的是，本书的研究仅仅局限在对物质资本的分析上，如果能将估计面拓展到人力资本，那么，将是一件更有趣的工作。

参 考 文 献

一 中文文献

［1］白仲林：《面板数据的计量经济分析》，南开大学出版社 2007 年版。

［2］财政部：《关于进一步推进支农资金整合工作的指导意见》，《农村财政与财务》2006 年第 8 期。

［3］陈国力：《建立完善农村金融体系长效机制》，《人民网》2007 年。

［4］陈秀山：《中国区域差距影响因素的实证研究》，《中国社会科学》2004 年第 5 期。

［5］迟慧：《我国县乡财政运行风险及其化解对策》，《农村经济》2005 年第 4 期。

［6］大琢启二郎、刘德强、村上直树：《中国的工业改革》，上海人民出版社、上海三联书店 2000 年版。

［7］丁学东等：《中国农村非生产性公共基础设施投入问题研究》，《农村财政与财务》2004 年第 10 期。

［8］东朝晖：《劳动力研究的投入产出技术》，《人口经济》2004 年第 3 期。

［9］樊胜根、张林秀：《中国农村公共投资在农村经济增长和反贫困中的作用》，《华南农业大学学报》2002 年第 1 期。

［10］国家统计局国民经济核算司编：《中国国内生产总值核算历史资料（1952—1995）》，东北财经大学出版社 1997 年版。

［11］国家统计局国民经济核算司：《中国国内生产总值核算历史资料（1996—2002）》，中国统计出版社 2004 年版。

［12］国家统计局：《中国国内生产总值核算历史资料（1952—2004）》，中国统计出版社 2007 年版。

［13］郭剑雄、王学真：《开放条件下的我国农业技术进步》，《经济学家》2002年第6期。

［14］郭玉清：《资本积累、技术变迁与总量生产函数——基于中国1980—2005年经验数据的分析》，《南开经济研究》2006年第2期。

［15］郭玉清：《中国财政农业投入最优规模实证分析》，《财经问题研究》2006年第5期。

［16］韩俊：《2005年真正用于农民财政支出不到4%》，人民网2006年，http：//finance.people.com.cn/GB/1037/4740141.html。

［17］韩俊、谢扬：《建立政府财政支农资金投入稳定增长机制》，国务院发展中心研究网2003年。

［18］胡霞：《中国城市服务业发展差异的空间经济计量分析》，《统计研究》2006年第9期。

［19］黄勇峰、任若恩、刘晓生：《中国制造业资本存量永续盘存法估计》，《经济学》2000年第2期。

［20］金雪军：《人民币汇率升值的路径选择》，《金融研究》2006年第11期。

［21］金雪军：《违约风险与贷款定价：一个基于期权方法和软预算约束的新模型》，《经济学季刊》2007年第4期。

［22］李焕彰：《财政支农政策与中国农业增长：因果与结构分析》，《中国农村经济》2004年第8期。

［23］李焕彰、钱忠好：《财政支农政策与中国农业增长：因果与结构分析》，《中国农村经济》2004年第8期。

［24］李剑阁、韩俊：《推进社会主义新农村建设研究》，国务院发展研究中心2007年。

［25］李治国、唐国兴：《资本形成路径与资本存量调整模型——基于中国转型时期的分析》，《经济研究》2003年第2期。

［26］联合国粮食和农业组织理事会：《2004年的粮食和农业状况》，2004年第11期。

［27］林光平、龙志和、吴梅：《中国地区经济收敛的空间计量实证分析》，《数量经济技术经济研究》2006年第3期。

［28］林光平：《计算计量经济学：计量经济学家和金融分析师GAUSS编程与应用》，杨大勇译，清华大学出版社1999年版。

[29] 刘慧：《区域差异测度方法与评价》，《地理研究》2006 年第 4 期。

[30] 乔根森：《生产率：战后美国经济增长》，中国发展出版社 2001 年版。

[31] 青木昌彦：《比较制度分析》，周黎安译，上海远东出版社 2001 年版。

[32] 任若恩、刘晓生：《关于中国资本存量估计的一些问题》，《数量经济技术经济研究》1997 年第 1 期。

[33] 任寿根：《模仿行为经济学分析——对经济波动的一种新解释》，《经济研究》2002 年第 1 期。

[34] 宋海岩、刘淄楠、蒋萍：《改革时期中国总投资决定因素的分析》，《世界经济文汇》2003 年第 1 期。

[35] 唐志红：《中国平均利润率的估算》，《经济研究》1999 年第 5 期。

[36] 涂正革、肖耿：《中国工业增长模式的转变——大中型企业劳动生产率的非参数生产前沿动态分析》，《管理世界》2006 年第 10 期。

[37] 王家传：《美国个人征信体系的经验及其借鉴》，《金融理论与实践》2006 年第 9 期。

[38] 王玲：《基于指数方法的中国劳动生产率增长实证分析》，《统计研究》2003 年第 1 期。

[39] 王小鲁、樊纲主编：《中国经济增长的可持续性——跨世纪的回顾与展望》，经济科学出版社 2000 年版。

[40] 吴方卫：《我国农业资本存量的估计》，《农业技术经济》1999 年第 6 期。

[41] 吴方卫：《中国农业的增长源泉分析》，《中国软科学》2000 年第 1 期。

[42] 吴玉鸣、徐建华：《中国区域经济增长集聚的空间统计分析》，《地理科学》2004 年第 6 期。

[43] 肖红叶：《资本永续盘存法及其国内应用》，《财贸经济》2005 年第 3 期。

[44] 许宪春：《中国国内生产总值核算》，《经济学季刊》2002 年第 1 期。

［45］徐现祥：《中国省区三次产业资本存量估计》，《统计研究》2007年第5期。

［46］颜鹏飞、王兵：《技术效率、技术进步与生产率增长：基于DEA的实证分析》，《经济研究》2004年第12期。

［47］杨文举：《技术效率、技术进步、资本深化与经济增长：基于DEA的经验分析》，《世界经济》2006年第5期。

［48］张帆：《中国的物质资本和人力资本估算》，《经济研究》2000年第8期。

［49］张杰：《注资与国有银行改革：一个金融政治经济学的视角》，《经济研究》2004年第6期。

［50］张军、章元：《对中国资本存量的再估计》，《经济研究》2003年第7期。

［51］张维迎：《博弈论与信息经济学》，上海人民出版社2004年版。

二 外文文献

［1］Aigner, Lovell and Schmidt, "Formulation and Estimation of Stochastic Frontier Production Function Models", *Journal of Econometrics*, No. 1, June 1977, pp. 21 – 37.

［2］Alejandro Justiniano and Giorgio E. Primiceri, *The Time Varying Volatility of Macroeconomic Fluctuations*, New York: NBER Working Papers, 2006.

［3］Andrew Levin and Chien – Fu Lin, *Unit Root Tests in Panel Data: Asymptotic and Finite – Sample Properties*, New York: University of California at San Diego, Economics Working Paper Series, 1992, pp. 92 – 93.

［4］Anselin L. GIS, "Research Infrastructure for Spatial Analysis of Real Estate Markets", *Journal of Housing Research*, No. 9, 2004, pp. 113 – 133.

［5］Anjan V. Thakor and Richard Callaway, "Costly Information Production Equilibria in the Bank Credit Market with Applications to Credit Rationing", *American Economics Review*.

［6］Anselin, L., Rey, S., and Talen, "The Expanded and Revised IRSR Subject and Author Index", *International Regional Science Review*, No. 3, 2002, pp. 345 – 349.

［7］Battese, E., *Frontier Production and Technical Efficiency A Survey of*

Empirical Application in Agricultural Economics, New York: Agricultural Economics, 1992.

[8] Battese, G. E., Coelli, J., "A Model for Technical Inefficiency Effects in a Stochastic Frontier Production Function for Panel Data", *Empirical Economics*, No. 20, 1995, pp. 325 - 332.

[9] Bernard, Andrew B., Jones and Charles, I., *Productivity across Industries and Countries: Time Series Theory and Evidence*, New York: MIT Press, 2001, pp. 135 - 146.

[10] Besanko, David, Thakor, Anjan, V., "Collateral and Rationing: Sorting Equilibria in Monopolistic and Competitive Credit Markets", *International Economic Review*, Vol. 28, No. 3, October 1987, pp. 671 - 689.

[11] Beverly Hirtle, "Credit Derivatives and Bank Credit Supply", *American Economics Review*, Vol. 18, No. 3, 2008, pp. 67 - 98.

[12] Bravo - Ureta, *Efficiency Analysis of Developing Country Agriculture*, A Review of the Frontier, REPEC working papers.

[13] Brannlund, R., Y. Chung, *Emissions Trading and Profitability*, REPEC working papers.

[14] Cole, Rebel, A., "The Importance of Relationships to the Availability of Credit", *Journal of Banking and Finance*, Vol. 22, No. 6 - 8, August 1998, pp. 959 - 977.

[15] Coelli, T., "A Guide to DEAP Version 2.1: A Data Envelopment Analysis (Computer)", CEPA working paper.

[16] Chow, Gregory C. and Lin, Anloh, "Accounting for Economic Growth for Taiwan and Mainland China: Comparative Analysis", *Journal of Comparative Economics*, No. 26, 2002, pp. 507 - 530.

[17] Chow, G. C., "Capital Formation and Economic Growth in China", *Quarterly Journal of Economics*, Vol. 108, No. 3, 1993, pp. 809 - 842.

[18] Chow, G. C., and Li, K. W., "China's Economic Growth: 1952 - 2010", *Economic Development and Cultural Change*, Vol. 51, No. 1, 2003, pp. 247 - 256.

[19] D. A. Dichey and W. A. Fuller, "Distribution of the Estimators for Autoregressive Time Series with a Unit root", *Journal of American Statistical As-*

sociation, No. 74, 1979, pp. 427 – 431.

[20] DeJong David, N., Ingram Beth, F. and Whiteman Charles, H., "A Bayesian Approach to Dynamic Macroeconomics", Journal of Econometrics, Vol. 98, No. 2, October 2000, pp. 247 – 256.

[21] Dean S. Karlan, "Using Experimental Economics to Measure Social Capital and Predict Financial Decisions", American Economics Review, Vol. 95, No. 5, 2005, pp. 1688 – 1699.

[22] Dowrick, S, and M. Rogers, "Classical and Technological Convergence: Beyond the Solow – Swan Growth Model", Oxford Economic Papers.

[23] Dwight M. Jaffee, Franco Modigliani, "A Theory and Test of Credit Rationing", The American Economic Review, Vol. 59, 1976.

[24] Engle, R. F., "Co – integration and Error Correction: Representation Estimation and Testing", Econometrica, No. 55, 1987, pp. 251 – 276.

[25] Eriksson, Kent, Anna L. V., "Customer Retention, Purchasing Behavior and Relationship Substance in Professional Services", Industrial Marketing Management, No. 29, 2000, pp. 363 – 372.

[26] Feder, "On Export and Economic Growth", Journal of Development Economics, No. 12, 1982, pp. 59 – 73.

[27] Ferri, Giovanni and Messori, Marcello, "Bank – firm Relationships and Allocative Efficiency in Northeastern and Central Italy and in the South", Journal of Banking & Finance, Vol. 24, No. 6, June 2000, pp. 1067 – 1095.

[28] Freimer, M. and M. Gordon, "Why Bankers Ration Credit", Quarterly Journal of Economics, No. 79, 1965, pp. 397 – 410.

[29] Fujita Masahisa, H. U. Da – peng, Regional disparity in China 1985 – 1994: The effects of globalization and economic liberalization, New York: BBER Working Paper, 2001.

[30] Geary, R. C., "The Contiguity Ratio and Statistical Mapping", The Incorporated Statistician, Vol. 5, No. 3, 1954, pp. 45 – 115.

[31] Fuh – Hwa Franklin Liu, Hao Hsuan Peng, "Ranking of Units on the DEA Frontier with Common Weights", Computers & OR, Vol. 35, No. 5, 2008, pp. 1624 – 1637.

[32] Ghatak, Maitreesh and Guinnane, Timothy W., "The Economics of

Lending with Joint Liability: Theory and Practice", *Journal of Development Economics*, Vol. 35, No. 5, October 2008, pp. 195 – 228.

[33] Hall and Jones, "Why Do Some Countries Produce So Much More Output Per Worker Than Others?" *The Quarterly Journal of Economics*, February 1999, pp. 83 – 116.

[34] Hansen, Gary D. and Prescott, Edward C., "Did Technology Shocks Cause the 1990 – 1991 Recession?" *American Economic Review*, Vol. 83, No. 2, May 1993, pp. 280 – 286.

[35] H. Naci Mocan, *Can Consumers Detect Lemons? Information Asymmetry in the Market for Child Care*, New York: NBER working paper, 2005.

[36] Hodgman, Donald, "Credit Risk and Credit Rationing", *the Quarterly Journal of Economics*, Vol. 74, No. 2, 1976.

[37] Holmstrom, Bengt and Milgrom, Paul, "Aggregation and Linearity in the Provision of Intertemporal Incentives", *Econometric Society*, Vol. 55, No. 2, March 1976, pp. 303 – 328.

[38] H. P. Binswanger, "How Infrastructure Research and Financial Institutions Affect Agricultural Output and Input in India?" *Journal of Development Economics*, No. 41, 1993, pp. 337 – 366.

[39] Jaffee, Dwight M and Russell, Thomas, *Imperfect Information, Uncertainty, and Credit Rationing*, New York: MIT Press, 1976, pp. 651 – 666.

[40] Janny C. Hoekstra, Eelkok. R. E. Huizingh, "The Lifetime Value Concept in Customer – Based Marketing", *Journal of Market Focused Management*, No. 3, 1999, pp. 257 – 274.

[41] Jaffee, D. and Modigliani, F. "A Theory and Test of Credit Rationing", *American Economic Review*, No. 59, 1969, pp. 850 – 872.

[42] Jean Perrien. Sylvie Paradis. Peter M. Banting, "Relationship Marketing Has Been Defined", *Industrial Marketing Management*, No. 24, 1995, pp. 37 – 43.

[43] Jorgenson, D. W., *Capital as a Factor of Production in Technology and Capital Formation*, New York: The MIT Press, 1989.

[44] Joha Knight, Lina Song, "The Spatial Contribution to Income Inequality in Rural China", *Cambridge Journal of Economics*, No. 17, 1993,

pp. 195 – 213.

[45] John Salerian and Chris Chan, "Restricting Multiple – Output Multiple – Input DEA Models by Disaggregating the Output – Input Vector", 2005, pp. 5 – 29.

[46] Kandel, Eugene and Lazear, Edward P. , *Peer Pressure and Partnerships*, New York: University of Chicago Press, August 1992, pp. 801 – 817.

[47] K. P. Kalirajan. M. B. Obwona. S. Zhao, "A Decomposition of Total Factor Productivity Growth", *American Journal of Agricultural Economics* Vol. 78, No. 2, 1996, pp. 331 – 338.

[48] Kumar, Subodh and Russell, Robert R. , "Technological Change, Technological Catch – up, and Capital Deepening, Relative Contributions to Growth and Convergence", *American Economic Review*, Vol. 92, No. 3, 2002, pp. 527 – 548.

[49] Kydland, Finn E. and Prescott, Edward C. , "Time to Build and Aggregate Fluctuations," Econometrica ", Vol. 50, No. 6, November 1982, pp. 1345 – 1370.

[50] Los B. , Timmer M. , "The Appropriate Technology Explanation of Productivity Growth Differentials: An Empirical Approach", *Journal of Eevelopment Economics*, Vol. 77, No. 2, 2005, pp. 517 – 531.

[51] Long Gen Ying, "China's Regional Disparities during the Reform Period", *Economic Geography*, Vol. 75, No. 1, 1999, pp. 59 – 70.

[52] Meeusen, W. , Vanden Broeck, "Efficiency Estimation from Cobb – Douglas Production Functions with Compose Error", *International Economic Review*, Vol. 2, No. 6, 1977, pp. 435 – 444.

[53] Moran, P. A. P. , *Notes on Continuous Stochastic Phenomena*, Biometrika, 1950.

[54] OECD, *Measuring Capital: Measurement of Capital Stocks, Sonsumption Offixed Capital and Capital Services (OECD Manual)*, New York: OECD Publications Service, 2001.

[55] OECD. *Measuring Productivity, Measurement of Aggregate and Industry – level Productivity Growth (OECDManual)*, New York: OECD Publications Service, 2001.

[56] Olga Melyukhina, *The Measurement of the Level of Support in Selected Non - OECD Countries*, 2002.

[57] Pittsburgh, P. A., *Business Cycles: An Empirical Investigation*, New York: Carnegie University, 1980.

[58] Reifschneider D. and R. Stevenson, "Systematic Departures from the Frontier: a Framework for the Analysis of Firm Inefficiency", *International Economic Review*, Vol. 32, No. 3, 1991, pp. 715 -723.

[59] Robert and Mehrteab, Habteab T., "Risk behaviour and group formation in microcredit groups in Eritrea", *American Economics Review*, 2003.

[60] Sharma, Manohar and Zeller, Manfred., "Repayment Performance in Group - based Credit Programs in Bangladesh", *American Economics Review*, 1996.

[61] Stiglitz J., Weiss, "A Credit Rationing in Markets with Imperfect Information", *American Economics Review*, Vol. 71, No. 3, 1981, pp. 393 -410.

[62] Stiglitz J., Weiss, *A Credit Rationing in Markets with Imperfect Information Finance in Low - Income Countries*, New York: Westview Press, 1992.

[63] Susanne Steger and Helke Waelde, "A Reconsideration of the Stiglitz - Weiss Model with a Discrete Number of Borrower Types", *American Economics Review*, 2007.

[64] Stacey L. Schreft and Anne P. Villamil., "Credit rationing by loan size in commercial loan markets", *Economic Review*, 1992, pp. 3 -8.

[65] Scott Freeman and Finn E. Kydland, "Monetary Aggregates and Output", *American Economic Review*, Vol. 90, No. 5, December 2000, pp. 1125 -1135.

[66] Tang, Anthony, "Chinese Agriculture: Its Problem and Prospects", *Vanderbilt University Department of Economics Working Paper*, No. 82 - W09, 1981.

[67] Timmers, M. P., "The 'Appropriate Technology' Explanation of Productivity Growth Differentials: An Empirical Approach", *Journal of Development Economics*, 2006.

[68] Tsui Kai - yun, "Factor Decomposition of Chinese Rural Income In-

equality", *International Journal of Urban and Regional Research*, Vol. 28, No. 2, 2004, pp. 401 – 423.

[69] Young, "A Gold into Base Metals: Productivity Growth in the People's Republic of China during the Reform Period", *The Journal of Political Economy*, No. 111, 2000, pp. 1220 – 1661.

后 记

本书是在我的导师、著名农村金融经济学家冉光和教授的精心指导下完成的，同时，本书也是国家社会科学基金项目"农户金融需求与西部地区农村金融服务体系改革研究"重要的支撑性研究成果之一。在本书完成过程中，有幸还得到了众多专家学者的无私帮助与慷慨支持。在资料收集过程中，美国 Vanderbilt University 的 Weil 博士、英国 The University of Manchester 大学的 Christina 博士提供了国外关于农业资本投入估算的英文经典文献。国家工信部刘源超博士、广东金融学院兰宝江博士、深圳大学陈凯博士、山东大学魏静博士等为研究文献的收集工作付出了艰辛的劳动，并就书中部分实证给予了无私的帮助和支持。在本书部分成果的发表过程中，国务院发展研究中心银纯泉处长、中国社会科学院财贸研究所孔繁来处长以及《管理世界》、《数量经济技术经济研究》、《中国软科学》、《经济学季刊》匿名审稿人提出的中肯意见与建议为本书部分章节的顺利完成创造了条件。在此，谨对上述专家学者一并表示诚恳的谢意。

本书的成稿还得益于众多的启发和建议，他们有重庆大学徐鲲博士、吴永球博士、丁从明博士、胡新华博士、邹涌博士、罗军博士、许岩博士、袁进义博士，重庆社会科学院张波博士、李敬博士，西南大学王定祥博士、钟剑博士，重庆市江北区区委汪志宇博士、中国人民银行重庆营业部谢斐博士、重庆市财政局郑刚博士、重庆市证监局代激扬博士、重庆市外经委蒙建波博士等，在此特别致谢。

此外，在本书撰写过程中，重庆大学吴明娥、秦增强、张飞霞、张梁梁、孙雪、罗孜巍、陈超霞、郑威、彭艳、李航等，重庆市委党校刘娟和王正攀，重庆大学城市科技学院付小鹏，重庆市璧山党校向红，南开大学蒋为博士等为本书校稿和顺利出版付出了大量艰辛劳动，在此向大家表示衷心感谢！

感谢中国社会科学出版社经济与管理出版中心李庆红老师等为本书顺

利出版所做的出色工作！

　　最后，要将最深切的爱送给我的父母和妻子张建肖、儿子曹宸。

　　当然，本书也不可避免地存在局限性，以期抛砖引玉，祈望专家学者不吝赐教。

曹跃群

2013 年 9 月于重庆大学民主湖畔